DISC로
AI시대 **핵심인재**로 성장하기 위한 디자인
성장하라

AI 시대 핵심 인재로 성장하기 위한 디자인
DISC로 성장하라

저자 심용택

초판 1쇄 발행 2025년 11월 3일

펴낸곳 디스크코리아
펴낸이 김효선
디자인 정다희
이메일 disc@disckorea.co.kr

값 17,000원
ISBN 979-11-985202-4-1 03330

잘못 만들어진 책은 구입하신 서점에서 교환해 드립니다.

Self

Relationship Perspective

Organizational Perspective

DISC insight

DISC로
AI시대 핵심인재로 성장하기 위한 디자인
성장하라

심용택 지음

프롤로그

AI 시대,
나를 성장시킬 새로운 전략은 무엇일까

    이 책에서 말하는 '디스크(DISC)'는 의학 용어나 기계 부품의 이름이 아니다. 사람의 행동 성향을 4가지 관점에서 분류한 심리 진단 도구의 이름이다. 즉, 주도형(Dominance), 사교형(Influence), 안정형(Steadiness), 신중형(Conscientiousness) ― 이 4가지 축으로 인간의 행동 패턴을 분석하고 이해할 수 있도록 만든 체계다.

    나는 대기업에서 22년 동안 리더로 일하며 수많은 사람들과 함께하고, 갈등을 조율하며, 성과를 만들어냈다. 그 과정에서 리더로서 '나'만의 강점이라고 믿어온 2가지 중 하나가 놀랍게도 DISC 이론과 정확히 맞아 떨어졌다. 그 깨달음 이후, 나는 DISC의 '신봉자'

가 되었다. DISC를 알게 되면, 조직 생활 속에서 벌어지는 많은 갈등이 단순한 '성격 차이'가 아니라 '행동 성향의 차이'임을 이해하게 된다. 이해의 문이 열리면 문제 해결의 길도 훨씬 수월해진다. 그리고 DISC는 단순히 갈등을 줄이는 수준에 그치지 않는다.

조직문화, 리더십, 마케팅 등 다양한 분야에서 폭넓게 확장될 수 있는 잠재력을 지니고 있다. 또한, 많은 심리 검사가 '나'를 중심으로만 해석한다면, DISC는 나와 더불어 상대방의 유형까지 함께 제시한다. 그렇기 때문에 진단에서의 강점만으로 끝나지 않고, 객관적이고 상호적인 관점에서 구체적인 솔루션을 모색할 수 있다.

교육업계에서 DISC 진단과 학습 프로그램은 오래전부터 존재했다. 하지만 그 잠재력에 비하면 활용 수준은 기대에 미치지 못했다. 특히 한국의 직무 환경에 맞춰 '현장에서 유용하게 쓸 수 있는' DISC 진단 도구는 찾아보기가 어렵다.

나는 DISC의 확장성과 미래 가치에 주목했고, 주저 없이 학계 전문가들의 도움을 받아 한국 직무 환경에 특화된 DISC 진단 도구 개발 프로젝트를 시작했다. 그리고, 개발 착수 이듬해 마침내 한국형 진단 도구 K-DISC가 완성되었다(K-DISC 개발 특허번호: [제 10-2764311호]). 출시 이후 K-DISC는 짧은 시간 안에 상당수 의미 있는 검사 데이터를 축적하며, 신뢰받는 진단 도구로 자리매김했다. 이제 DISC 이론은 단순한 진단 도구를 넘어, 새로운 관점과 통찰의 메시지를 우리에게 전하고 있다.

이 책은 주니어(신입) 사원과 예비 직무자가 조직 내에서 성공적으로 성장할 수 있도록 그들의 눈높이에서 서술하였다. 그리고 커리어 관리에 관심 있는 경력자에게도 충분히 도움이 되도록 구성했다. 사회에 첫발을 내딛는 사람이든, 이미 경력을 쌓아온 사람이든, 이 책은 'DISC 인사이트'라는 강력한 사고 도구를 통해 당신의 커리어를 한 단계 성장시키는 길잡이가 될 것이다.

AI 시대, 나를 성장시킬 새로운 인재상은 무엇인가

돌아보면 모든 시기가 격변의 시대였지만 지금은 한 번도 경험하지 못한 전환의 시대를 우리는 살아가고 있다. AI(인공지능)의 등장은 단순한 기술 진보를 넘어, 인간의 일과 삶, 그리고 관계의 본질을 근본적으로 재정의하고 있다. AI가 글을 쓰고, 이미지를 그리고, 보고서를 요약하는 시대, 과거에 우리가 PPT와 엑셀을 능숙하게 다루는 것만으로도 인정받던 시절은 이제 마치 오래된 계산 도구인 '주판'(막대에 끼운 구슬을 조작해 수를 표현하는 도구)을 떠올리게 할 만큼 낡은 것이 되어 버릴 수도 있다는 위기감이 들고 있다.

AI가 사람 일자리를 대체하는 것이 아니라 AI를 활용하는 사람과 활용하지 못하는 사람의 차이가 일자리의 본질을 바꿀 것이라고 하지만 이는 휴머니스트의 아름다운 표현이라고 AI전문가는 일침한다. 실리콘밸리에서 개발자 출신의 우버 택시기사를 만나는 것이 이제는 우연이 아닌 것처럼 AI는 모든 것을 송두리째 바꾸어 놓을 것이다.

특히 사회에 첫발을 내딛는 신입사원, 직무전환을 준비하는 경력자, 또는 취업을 준비하는 예비 직무자라면 지금 이 시대의 흐름 속에서 무엇을 준비해야 할지 답답함을 넘어 공포감을 느낄 것이다. 과거에는 어느 정도 일반적인 성장 공식이 존재했다. 이름있는 학교를 나오고, 대기업에 들어가 연차를 쌓으면 직급이 오르고, 임원이 되는 성장라인이다.

하지만 현재에는 어떤가? 대기업은 신입사원 채용 수를 줄이고 경력신입이라는 신조어가 생겼고 50대 조기퇴직자를 넘어 이제 30~40대 명예퇴직이라는 말도 낯설지 않다. 그렇다면, 우리는 무엇으로 경쟁하고, 어떻게 성장할 것인가?

정답은 더 이상 없다. AI 시대에는 방향성이 중요하다

또한 코로나 팬데믹을 거치며 우리는 비대면이라는 새로운 일상에 적응해 왔다. 그 속에서 인간관계의 연결 방식도 완전히 달라졌다. 직접대면의 소통에서 이메일, 메신저와 SNS가 중심이 되었고, 대화의 맥락과 감정을 파악하기 어려운 비언어적 환경 속에서 '소통의 어려움'은 더 이상 특정 세대의 문제가 아닌 모두의 문제가 되었다.

특히, MZ세대라 불리는 새로운 세대는 '이 일을 왜 해야 하는지'에 대한 질문을 서슴없이 던진다. 이는 결코 이기적인 요구가 아니다. 오히려 그들은 조직의 방향성과 자신의 성장이 연결되기를 바라는 주체적인 태도를 가지고 있다. 하지만 여전히 조직 안에서는 이러한 질문을 "요즘 젊은 친구들은 자기주장이 너무 강해"라는 오해로 받아들이곤 한다. 그리고 그 오해는 또 다른 단절을 만든다. 이제는 말해야 한다. 세상이 바뀌었듯, 인재의 성장 방식도 바뀌었다고.

더 이상 팀장, 임원이라는 직함이 커리어의 상징이 아니다

과거의 커리어는 단순했다. '연차 → 직급 → 책임 증가'의 직선적 성장. 하지만 지금은 그렇지 않다. 빠르게 변하는 시장, 급변하는 기술, 유연해진 조직 구조 안에서 더 이상 직급은 성장을 증명하지 않는다. 오히려 중요한 것은 '무엇을 할 수 있는가', '어떻게 기여할 수 있는가'이다. 그리고 그 중심에는 자기이해와 자기설계 능력이 있다. 지금 이 순간에도 수많은 조직이 AI 도구를 적극 도입하며 인력을 줄이고 있다. 그러나 AI 시대를 인력 축소의 위협으로만 이해하는 것은 협소하다. 인력을 정예화한다는 방향으로 조직을 재편한다는 관점으로 이해하는 것이 타당할 것이다.

더 적은 인원으로 더 큰 성과를 낼 수 있는 효율적인 시스템을 구축하고, 그 안에서 적응하는 인재는 단순히 지식이 많고 업무에 능숙한 사람이 아니라, 시스템 속에서 사람과의 관계를 유연하게 풀어내고 변화를 감지하고 방향을 제시할 수 있는 사람이다.

과거에는 회사 내에 사내 교육, 승진 코스, 멘토링 프로그램 등을 도입해 회사가 사람을 키웠고, 조직이 설계한 육성 루트를 따라가면 안정적인 성장이 가능했다. 하지만 지금은 아니다. 회사는 더 이상 육성 기관이 아니다. 교육의 공급망은 이미 유튜브, 온라인 플랫폼, AI 도구 등을 통해 개인의 영역으로 상당수 넘어왔다. 이제 '누가 나를 성장시켜 줄 것인가?'가 아니라 '나는 나를 어떻게 성장시킬 것인가?'로 문제의 핵심이 바뀐 것이다.

AI 시대를 사람답게 만드는 새로운 통찰, DISC의 재등장

이러한 격변의 시대를 제대로 포용하기 위한 새로운 사고의 틀은 무엇인가? 나는 'AI라는 혁신의 시대를 제대로 바라보고 해석하기 위해서는 100년 된 이 오래된 이론이 지금 다시 절실하게 필요하다'고 단언한다. 그 이론이 바로 DISC다.

DISC는 1928년, 윌리엄 마스턴(William Moulton Marston) 교수가 저서 『정상인의 감정』에서 인간의 행동을 주도형, 사교형, 안정형, 신중형이라는 4가지 패턴으로 나누며 제시한 이론이다. 그러나 내가 말하는 DISC는 단순히 성향을 분류하거나 심리 검사를 진행하는 도구를 의미하지 않는다. 그 안에는 사람을 이해하는 구조적 틀, 그리고 변화 속에서 관계를 조율하고 조직을 바라보는 전략적 시각이 담겨 있다.

오늘날 우리는 단 몇 초 만에 전 세계의 정보를 손에 넣을 수 있다. 하지만 아날로그 시절처럼 정보를 찾고, 비교하고, 완성시키는 과정 속에서 자연스럽게 쌓이던 인사이트는 이미 사라지고 없다. 문제는 이것이 단순한 시대 변화가 아니라는 점이다. 과정의 부재와 인사이트의 소멸은 결국 의사결정의 치명적인 오류로 이어지고, 그 결과에 대한 리스크는 개인과 조직 모두의 예상치 못한 전혀 새로운 문제를 발생시킬 것이다.

AI 시대가 가져온 편리함은 분명 눈부시다. 그러나 그 이면에는 정체성의 혼란과 인간관계의 어려움이 자리 잡고 있다. 이 혼란을 극복하기 위해서는 아이러니하게도 더 '사람다운' 관점에서의 통찰이 필요하다. 내가 100년 된 이론인 DISC를 다시 꺼내 드는 이유도 여기에 있다. 단순하지만 본질적이고, 인간의 관점에서 접근할 수 있는 이론이기 때문이다.

DISC의 가치는 단순한 행동유형의 분류에 머물지 않는다. DISC는 나 자신을 깊이 이해하고, 타인을 더 넓게 이해하며, 시대의 흐름을 읽고, 관계 속에서 전략을 설계할 수 있도록 돕는 강력한 사고의 틀이다. 따라서 우리는 DISC를 '진단 도구'라는 좁은 틀에서 벗어나 바라봐야 한다.

DISC는 나의 행동을 이해하는 데서 멈추지 않고, 타인의 관점을 존중하며 상황을 해석하고, 변화에 대응하는 방법을 체계적으로 설계하게 해준다. 사고를 확장하고 관계를 조율하는 전략적 프레임이다. 이것이야말로 AI 시대를 사람답게 살아가기 위한 필수적인 인사이트다. 그리고 이러한 변화된 관점에서 조직 내에서의 핵심 인재로 성장하기 위한 시각을 새롭게 조망해야 한다.

이 책은 다음과 같은 이들을 위해 쓰였다.

✓ **주니어(신입) 사원**
조직에 적응하고 성장하고 싶은데, 구성원들과의 소통이 어렵고 조직 내에서 내 위치를 잡는 것이 불안한 이들에게 DISC는 내 언어를 이해하고 타인의 행동을 해석할 수 있는 틀을 제공하며 커리어 성장의 단초를 제공한다.

✓ **사회에 첫발을 내딛는 예비 직무자**
'회사에 입사만 하면 성장할 수 있다'는 생각은 이제 현실과 맞지 않다. 단순한 입사 준비가 아닌 입사 전부터 AI 시대에 조직에서 원하는 역량을 보유한 자기주도적인 성장 설계를 함께 준비하고 그것을 입사단계에서 보여주려는 노력이 필요하다.

✓ **경력자 혹은 전환을 고민하는 직무자**
커리어의 중간에서 새로운 방향을 고민하는 사람에게 DISC 인사이트는 자기 성찰과 전략 수립을 돕는 나침반이 되어준다.

디지털 기술은 지식 전달과 기술 숙련을 누구나 접근 가능하게 했다. 이제는 '배우는 것'보다 '무엇을 설계할 것인가'가 중요하다. AI 도구와 온라인 교육은 누구에게나 열려 있다. 그러나 그것을 어떻게 조합하고, 어디에 적용하고, 무엇을 성장시키느냐는 결국 개인의 몫이다. 세상은 빠르게 변한다. 그러나 그 변화 속에서도 중심을 잡고, 방향을 잃지 않으며, 자신만의 설계를 해낼 수 있다면 우리는 어떤 시대에도 살아남을 수 있다. 나는 이 책에서 단순히 DISC를 설명하지 않는다.

- ☑ 내 강점을 어떻게 전략화할 수 있는가?
- ☑ 커리어를 어떻게 자기주도로 설계할 수 있는가?
- ☑ 조직에서의 영향력을 어떻게 높일 수 있는가?
- ☑ 변화하는 시대에 어떻게 나만의 경쟁력을 만들 수 있는가?

나는 위의 질문을 찾는 데 조금이라도 도움이 되기 위해 DISC 유형의 특징과 철학에 대해서 거듭 설명하며 이해를 돕고자 한다.

이 책의 구성과 흐름

이 책은 총 7개의 장으로 구성되어 있다. DISC 이론을 단순히 소개하는 데 그치지 않고, 변화하는 시대 속에서 자기이해에서 시작해 관계 해석, 역량 설계, 영향력 강화로 이어지는 커리어 성장 여정을 함께 그려 나간다. 각 장은 독자가 스스로를 돌아보고, 성장을 위한 실질적인 전략을 세울 수 있도록 구성하려고 노력하였다.

1장에서는 DISC가 언제 어디에서 시작되었는지, DISC 이론의 탄생 배경과 작동 기제와 원리, 대표적인 4가지 행동유형의 개념을 처음 DISC를 접하는 독자들도 자연스럽게 따라올 수 있도록 알기 쉽게 설명한다. 또한 한국형 진단 도구인 K-DISC의 개발 배경과 의도를 함께 소개한다.

2장에서는 DISC가 개인의 성향을 파악하는 단순한 진단 검사에 불과한 것이 아니라 실제 일상생활에서 적용할 수 있는 기능적인 측정 도구임을 증명하고자 한다. 이 장에서는 DISC가 가진 세 가지 핵심 강점을 중심으로 그 실용성과 확장성을 설명한다. 첫째, 구조가 직관적이어서 누구나 쉽게 이해하고 적용할 수 있다는 점, 둘째, 나만이 아니라 타인과의 관계를 해석하는 데 탁월하다는 점, 셋째, 성격이 아닌 행동을 다루기 때문에 실질적인 변화와 전략 수

립이 가능하다는 점이 그것이다. 또한 이 장에서는 조직 내 갈등 해소, 소통 전략, 관계 형성 등 현실적인 활용 예시들을 통해 DISC가 어떤 방식으로 사회적 도구가 되는지를 살펴본다. 특히 AI 시대에 '행동 기반 해석'이 중요한 이유를 DISC를 통해 설득력 있게 풀어낸다.

3장에서는 현장에서 DISC를 어떻게 활용할 수 있을지 알아본다. 성장을 향한 여정에서 많은 사람들이 '완벽'을 목표로 삼는다. 하지만 이 장에서는 단점까지 완전하게 극복한 완벽함보다 자신의 강점을 전략적으로 활용하는 것이 더 효과적인 성장 방식임을 강조한다. DISC를 통해 자신의 행동 패턴을 정확히 인식하고, 강점은 더욱 살리고, 약점은 리스크로 관리하는 전략적 태도가 필요하다는 메시지를 전한다. 성장이라는 이름 아래 자신을 몰아세우기보다는, 나답게 성장할 수 있는 길을 함께 고민하는 그리고 자기비판보다는 자기이해, 과한 기준보다는 전략적 선택을 통해 '나답게 성장하는 길'을 설계하는 것이야말로 커리어 설계의 시작임을 강조한다.

4장에서는 나에게 맞는 퍼포먼스를 전략적으로 설계하는 법을 알아본다. 3장에서 '현재의 나'를 객관적으로 바라보고 강점을 설계하고 약점은 리스크로 관리하는 단계를 거쳤다면 이제는 실질적이고 구체적인 커리어 성장을 위한 전략 설계가 필요하다. 그래서 이 장에서는 자신의 행동유형을 파악한 후, 시대의 흐름에 맞는 핵심 역량을 정의하고 점검해 본다. 특히 AI 시대에 새롭게 요구되는 역량을 5가지 중심으로 설명하고, 각각의 역량이 왜 중요한지 설명한다. 그리고 5대 핵심 기본역량을 통해 AI 시대에 요구되는 기초 체력을 어떻게 갖출 것인지에 대해 실천적인 가이드를 제공한다. 이 장은 단순한 자기이해를 넘어서 실제적인 성장 설계 도구를 제공하는 데 중점을 둔다.

5장에서는 새로운 통찰의 세계인 DISC 인사이트를 면밀하게 알아본다. 이 장은 DISC의 핵심이자 이 책의 중심이라 할 수 있다. 디지털과 AI 중심의 시대, 우리는 빠른 변화 속에서 방향을 잃기 쉽다. 그럴수록 필요한 것은 '분석'이 아닌 '통찰'이다. 단순한 유형 구분이나 행동 해석을 넘어, DISC를 '사고의 프레임'으로 확장한 개념이 바로 'DISC 인사이트'다. 이 장에서는 사고의 프레임, 관계 설계의 기준으로 확장하는 'DISC 인사이트' 개념을 다룬다. 불확실한 시대를 살아가는 우리에게 DISC 인사이트는 사람을 이해하고 협업을 설계하며, 문제를 바라보는 새로운 눈을 제공한다.

6장에서는 앞에서 살펴본 DISC 인사이트를 바탕으로 고객경험, 회의 방식, 세대 간 갈등해소, 사업전략 수립 등 다양한 영역에서 DISC 인사이트가 어떻게 적용될 수 있는지를 예를 들어 소개한다.

7장에서는 새로운 리더상이 무엇인지, 오늘날 우리가 필요로 하는 리더의 역량은 무엇인지 알아본다. 이제 조직은 더 이상 지시하고 관리하는 리더를 원하지 않는다. 진정한 리더십은 직위가 아니라, 관계 속에서 드러나는 영향력에서 비롯된다. 이제 리더는 단순히 직위로서 팀장이나 경영자를 의미하지 않는다. 조직의 구성원으로서도 내재적인 리더는 존재한다.

이 장에서는 선한 영향력이라는 키워드를 중심으로, DISC 인사이트를 기반으로 한 새로운 시대의 리더상을 이야기한다. 강압이 아니라 신뢰와 자율을 통해, 조직을 설득하고 움직이는 사람. 바로 그런 사람이 지금의 조직이 가장 필요로 하는 인재다. DISC는 사람과 상황을 읽고, 설계된 커뮤니케이션으로 영향력을 발휘하는 전략을 제시해준다.

이 책은 단순한 자기계발서가 아니다. 불확실한 사회생활의 출발점에 서 있는 아들에게 보내는, 한 아버지의 조심스러운 응원이자 깊은 바람을 담은 메시지다. 나 역시 오랜 시간 조직사회에서 일해 왔지만, 그 경험만으로는 다가올 미래를 살아갈 아들에게 완벽한 지침이 되지 못한다는 사실을 잘 알고 있다. 그래서 이 책에는 단순한 이론보다, 부족함을 채우고자 하는 간절한 마음을 담았다. 미래는 예측할 수 없지만, 분명한 사실은 하나 있다. 기회는 언제나 준비된 자에게 온다는 것이다. 이 단순하고도 진실한 말처럼, 우리는 각자의 자리에서 자신만의 성장 경로를 스스로 설계해 나가야 한다. 이 책이 당신의 성장 여정에서 세상이 아닌 당신이 주도하는 전환점이 되기를 진심으로 바란다.

지금 이 순간에도 전국에서 나의 강의가 누군가의 인생의 모멘텀이 될 수 있다는 신념으로 열정을 불태우는 네오아이즈 강사들, 디스크 이론의 공백을 채워준 최희정 실장과 K-DISC 연구회 회원들, 남을 배려할 줄 아는 미래인재로 성장하기를 소망하는 준휘, 정섭 그리고 마지막까지 꼼꼼하게 원고를 챙겨주면서 변함없는 응원을 보내주는 효선에게 감사의 마음을 전한다.

2025년 8월이 저물어가는 가을의 문턱 앞에서
심용택

차례

| 프롤로그 | AI 시대, 나를 성장시킬 새로운 전략은 무엇일까 4

1장
DISC란 무엇인가

- DISC 이론의 탄생 – 마스턴 교수의 통찰 24
- 진단도구와 한국형 K-DISC의 등장 33
- 행동유형 DISC 4가지 유형이란? 36
- DISC 유형별 일상 속의 오해 46
  1) D형(주도형) – 빠른 결정이 무례하게 보일 때
  2) I형(사교형) – 유쾌하고 자유로워 보여도
  3) S형(안정형) – 조용하고 차분한 선택은 배려의 결과
  4) C형(신중형) – 정확성을 향한 진심 어린 관심
  5) 사람의 행동유형이 4가지뿐일까

2장
왜 DISC인가

- DISC만의 차별된 강점 4가지 59
  1) 누구나 이해할 수 있는 '직관적인' 구조를 가진다
  2) '관계성'에서 드러나는 DISC만의 차별성
  3) DISC는 '성격'이 아니라 '행동'을 다룬다
  4) AI 시대와 연결되는 DISC의 확장성
- DISC는 어느 분야에 활용 가능한가 71
  1) 개인적 관점 – 자기 성장을 위한 '거울'이자 '나침반'
  2) 관계적 관점 – 서로를 이어주는 '소통의 다리'
  3) 사회적 관점 – 진로 설계부터 커리어 성장 전략까지
- 갈등은 피할 수 없다, 그러나 이해를 선택할 수 있다 85
- 왜 DISC인가 – AI 시대가 다시 불러낸 100년 된 이론 91

3장
힘을 빼자, 완벽하지 않아도 괜찮다

- 나의 DISC는 무엇인가 – 장점은 더욱 강하게, 단점은 리스크로 관리하자 100
- 직무환경 속 나의 DISC – 나의 성향을 다시 들여다보자 103
- 완벽하기보다 강점을 전략화하라 105

4장
나에게 맞는 퍼포먼스를 설계하라

- 미래의 정답은 없다, 그러나 방향성은 있다 120
- '기본기'가 강한 사람이 경쟁력을 가진다 124
- AI 시대의 '핵심역량' 5가지 (PACE-C Competency Model) ... 128
    1) 문제해결·성과창출 역량(Performance)
    2) 변화 수용·혁신 역량(Adaptability)
    3) 관계·소통 역량(Communication)
    4) 조직기본기 역량(Execution)
    5) 고객응대·서비스 역량(Customer Value)
- DISC로 설계하는 핵심역량 육성 전략 148

5장 DISC 인사이트

- **인사이트 소멸의 시대** 166
  - 1) 과정의 상실, 그리고 인사이트의 소멸
  - 2) 위기를 자초하는 기업 – 사소한 실수가 치명적인 이유
  - 3) 기업은 인재를 구하지 못하고, 인재는 성장하지 못한다
- **DISC 관점의 장착 – 행동유형을 넘어 사고의 렌즈로** 171
  - 1) DISC 관점의 적용 – 고객의 구매도 다르게 본다
  - 2) DISC를 판매 전략으로 확장하면 어떤 점이 달라질까
  - 3) DISC는 '사람'만 보는 도구가 아니다
- **DISC 인사이트 – 인사이트 부재 시대를 돌파하는 새로운 사고(思考)의 틀** 179
- **DISC 인사이트의 시사점** 182
  - 1) 찐 통찰이 필요한 시대
  - 2) 조직과 사회를 바라보는 새로운 언어
  - 3) 관계를 설계하고, 행동을 유도하는 프레임

6장 DISC 인사이트 적용 사례

- **DISC 인사이트 관점에서 바라본 고객의 구매 여정** 190
  - 1) 1단계: 제품 시장 조사 – C형의 속성
  - 2) 2단계: 가격 및 조건 검토 – C형+D형의 속성 결합
  - 3) 3단계: 구매 결정 – D형의 속성
  - 4) 4단계: 배송 및 수령 – D형의 속성과 S형의 욕구
  - 5) 5단계: 만족도 평가 – I형의 속성
  - 6) 6단계: A/S 및 사후관리 – S형의 속성
- **구매 단계별 DISC 속성 기반 판매 전략** 194

- 고객 불만 처리 과정에 적용하는 DISC 인사이트 203
    1) 접수 단계 – 첫 반응은 S형과 I형의 관점에서
    2) 경청 단계 – C형과 S형의 균형 감각
    3) 사실 확인 단계 – 논리와 기준 중심의 C형 속성
    4) 해결 단계 – 실행력과 명확성이 필요한 D형 속성
    5) 사후 단계 – 재신뢰 형성을 위한 S형과 I형의 노력
- 회의 방식도 DISC 인사이트를 적용해 보자 209
- 세대 간 소통, DISC 인사이트로 접근하다 214
- 커리어 성장과 DISC 인사이트 – 혼란의 시대, 나만의 사고 도구를 갖는다는 것의 의미 219

7장

리더십의 변화

인력 감축이 아닌 정예화의 시대 228
리더십의 변화, 피할 수 없는 선택 앞에 선 우리 232
새로운 인재상 – 선한 영향력을 가진 사람 238

| 에필로그 | 인생의 기회는 어떻게 오는가 244

- DISC 이론의 탄생 – 마스턴 교수의 통찰
- 진단도구와 한국형 K-DISC의 등장
- 행동유형 DISC 4가지 유형이란?
- DISC 유형별 일상 속의 오해
    1) D형(주도형) – 빠른 결정이 무례하게 보일 때
    2) I형(사교형) – 유쾌하고 자유로워 보여도
    3) S형(안정형) – 조용하고 차분한 선택은 배려의 결과
    4) C형(신중형) – 정확성을 향한 진심 어린 관심
    5) 사람의 행동유형이 4가지뿐일까

1장

DISC란 무엇인가

DISC 이론의 탄생 - 마스턴 교수의 통찰

디스크(DISC) 이론은 미국의 심리학자이면서 법학자이자 발명가였던 윌리엄 마스턴(William Moulton Marston) 박사가 1928년 저서 『정상인의 감정(Emotions of Normal People)』에서 처음 제시한 인간 행동 모델이다. 그는 인간의 행동이 2가지 기준, 즉 환경에 대한 인식과 자신의 힘에 대한 인식에 따라 달라진다고 보았다. 다시 말해, 한 개인이 자신이 처한 환경을 경쟁적·우호적으로 인식하는지, 그리고 그 환경에 맞설 수 있는 자신의 힘을 강하게 혹은 약하게 느끼는지에 따라 행동 패턴이 달라진다는 것이다. 이러한 2가지 기준을 바탕으로, 마스턴은 인간의 행동을 주도형(Dominance), 사교형(Influence), 안정형(Steadiness), 신중형(Conscientiousness)이라는

4가지 유형으로 구분하였다.

[표1] K-DISC 행동유형 개발보고서, 김환/임아영, DISC KOREA, 2023, 13쪽

주도형은 환경을 경쟁적이고 적대적으로 인식하면서, 자신의 힘이 환경보다 우월하다고 믿는다. 이들은 장애물을 적극적으로 극복하며 목표 달성을 위해 빠르고 단호하게 움직인다. 사교형은 자신의 힘이 환경보다 우월하다고 느낀다는 점에서는 주도형과 같지만, 환경을 우호적이고 지지적으로 바라본다. 사람들과 어울리기를 즐기며, 설득과 영향력 발휘에 능하고, 적극적으로 관계를

넓혀 나간다.

안정형은 환경을 우호적으로 인식하지만, 자신의 힘이 상대적으로 약하다고 여긴다. 이들은 타인을 신뢰하고 협력하며, 조심스럽고 절제된 방식으로 행동한다. 신중형은 환경을 경쟁적이고 적대적으로 인식하면서, 자신의 힘이 부족하다고 느낀다. 이들은 위험과 비판으로부터 자신을 보호하려 하고, 완벽성과 정확성을 추구해 성과를 만들어낸다(K-DISC 행동유형 개발보고서, 김환/임아영, DISC KOREA, 2023).

또한 마스턴은 행동유형을 구분하는 또 다른 기준으로 속도(pace)와 우선순위(priority)를 제시했다. 속도는 행동의 빠르기를 의미하는데, 내적 모터의 속도가 빠른 사람은 의사결정이 빠르고 생각보다 행동이 앞서며, 위험 감수에도 주저하지 않는다. 그는 이러한 사람들을 '속전속결형'이라 불렀으며, 주도형과 사교형이 여기에 속한다고 보았다. 반면 내적 모터의 속도가 느린 사람은 의사결정 전에 충분히 생각하고, 위험을 최소화하려 하며, 행동이 신중하다. 이들은 '심사숙고형'으로 분류되며 안정형과 신중형이 여기에 해당한다.

우선순위는 행동의 방향을 결정짓는 기준으로, 사람에 따라 과업 중심과 사람 중심으로 나뉜다. 과업 중심적인 사람은 목표 달성과 계획 실행을 최우선으로 하며, 사실과 데이터에 근거해 의사결정을 내린다. 주도형과 신중형이 여기에 속한다. 반면 사람 중심적인 사람은 관계 형성과 공감을 중시하며, 대화를 통해 경험과 감정을 나누는 것을 중요하게 생각한다. 사교형과 안정형이 이 범주에 속한다. 이 두 축을 결합하면 주도형은 속전속결형이면서 과업 중심, 사교형은 속전속결형이면서 사람 중심, 안정형은 심사숙고형이면서 사람 중심, 신중형은 심사숙고형이면서 과업 중심이라는 4가지 조합이 완성된다.

[표2] **K-DISC 행동유형 개발보고서, 김환/임아영, DISC KOREA, 2023, 17쪽**

이러한 구분은 단순히 사람의 성격을 나누는 것이 아니라 환경에 반응하는 방식과 타인과의 관계에서 나타나는 행동 양식에 주목한 것이다. 여기서 주목할 점은 마스턴 교수가 실제 진단 검사를 개발하지 않았다는 사실이다. 그는 이론만 제시했을 뿐 설문 문항을 통한 평가 도구는 만들지 않았다.

따라서 오늘날 사용되는 디스크 진단 검사는 마스턴의 이론을 바탕으로 후대의 심리학자와 조직 전문가가 개발한 2차적 응용 도구라고 볼 수 있다. 일반적으로 '디스크'라고 하면 마스턴이 제시한 인간의 4가지 행동유형 모델 자체를 의미하기도 하고 그 모델을 기반으로 한 심리 검사를 의미하기도 한다.

[표3] K-DISC 행동유형 개발보고서, 김환/임아영, DISC KOREA, 2023, 20~21쪽.

주도형 D형	
구분	내용
목표	결과와 목표 달성
일반특징	· 지시적이고 단호함 · 지도력이 있음 · 성과지향적, 뚜렷한 성과를 냄 · 도전을 받아들이고 변화 지향 · 빠르게 결정하며, 활기 있게 행동함
장점	· 강력한 리더십과 추진력 · 목표 달성을 위해 장애 극복 · 적극적 문제 해결 높은 성취 촉진 · 빠른 의사결정 도전정신, 위험을 감수하는 대범함 · 독립적 행동 · 명료한 자기주장
단점	· 공격적 행동 · 냉정함, 독선적 태도 · 완고함 · 조급함 · 세세한 것을 간과 · 지나친 서두름 · 상황에 대한 지나친 통제 욕구 · 타인의 말에 귀를 잘 기울이지 않음

[표4] K-DISC 행동유형 개발보고서, 김환/임아영, DISC KOREA, 2023, 20~21쪽.

사교형 I형	
구분	내용
목표	결과와 목표 달성
일반특징	· 상호작용적이고 영향력을 행사하려 함 · 사람과 접촉을 선호하고, 호의적 인상을 줌 · 타인의 동기를 유발 · 분위기를 띄우고 사람을 즐겁게 함 · 집단, 그룹 활동에 참여를 즐김
장점	· 낙관적, 긍정적, 열정적 태도 · 적응력, 융화력, 친화력이 뛰어남 · 뛰어난 감수성 · 사람들의 감정 변화를 잘 읽고 반응함 · 분위기 메이커 · 설득적이고 매력적 · 다양한 관심과 흥미 · 자유로움
단점	· 너무 많은 참견 · 조급함 · 혼자 있지 않으려 함 · 산만함, 비체계성 · 상황 변화에 따라 계획이 바뀜 · 일정, 마감 준수의 어려움 · 고정된 일정, 엄격한 시간 제약을 못 견딤 · 부주의

[표5] K-DISC 행동유형 개발보고서, 김환/임아영, DISC KOREA, 2023, 20~21쪽.

안정형 S형	
구분	내용
목표	결과와 목표 달성
일반특징	· 타인을 배려하고 협력함 · 지지적임 · 예측 가능하고 일관성 있게 일을 수행함 · 참을성이 있음 · 다른 사람을 돕고 지원함 · 충성심을 보임 · 남의 말을 주의 깊게 들음 · 안정되고 조화로운 환경을 만듦
장점	· 조화롭고 원만한 관계 유지 · 일관되게 일 추진 · 안정적인 감정상태 유지 · 쉽게 짜증 내거나 화를 내지 않음 · 침착함, 안정감, 균형감 · 온화함, 부드러움, 진지한 배려
단점	· 갈등회피 · 타인의 요구나 강압에 쉽게 순응 · 지나친 양보와 희생 · 소극적 자기표현 · 우유부단함 · 주도성 부족

[표6] K-DISC 행동유형 개발보고서, 김환/임아영, DISC KOREA, 2023, 20~21쪽.

구분	신중형 C형
	내용
목표	결과와 목표 달성
일반특징	• 원칙을 중시하고 양심적임 • 중요한 지시나 기준에 관심을 둠 • 세부 사항에 신경 씀 • 분석적으로 사고하고 찬반, 장단점 등을 고려함 • 예의 바르고 격식을 차림 • 일을 정확하게 함 • 상황이나 활동에 대해 체계적으로 접근함
장점	• 꾸준하고 성실함 • 정확성, 논리성, 명확성, 일관성, 체계성, 신중성 • 기준과 기대에 도달하고자 노력을 기울임 • 계획적이고 꼼꼼함 • 논리성의 추구, 원인탐구 • 주의 깊은 의사 결정
단점	• 지나친 완벽주의, 결벽성 • 높은 기준으로 인해 자신과 타인에 대한 비판적 태도 • 지나친 신중함으로 인한 시간 소요 • 중요하지 않거나 세부적 사항에 대한 집착

DISC 진단 도구와 한국형 K-DISC의 등장

1960년대에 접어들면서, 마스턴의 디스크 이론을 실질적인 현장에 적용하기 위한 다양한 진단 도구들이 개발되기 시작했다. 이 시기의 대표적인 사례는 심리학자 존 게이어(John Geier) 박사가 개발한 '개인 성향 분석 체계(Personal Profile System)'로, 디스크 이론을 구조화된 설문 형식으로 전환하여 행동유형을 진단할 수 있게 한 초기 모델이다. 이 도구는 오늘날 우리가 사용하는 디스크 진단 검사의 원형(原型)이라 할 수 있으며, 실제 인간 행동을 이해하고 실무에 적용할 수 있는 계기를 마련해 주었다(Geier, J.G.(1971). Personal Profile System. Minneapolis: Performax Systems International).

이후 다양한 HRD 기업과 교육 컨설팅 기관, 그리고 심리학 기반의 연구소들을 중심으로 디스크 이론을 기반으로 한 여러 진단 도구들이 지속적으로 개발되었다. 이러한 진단들은 단순한 성격유형 분류를 넘어, 조직 내 행동유형 분석, 팀 역학 진단, 리더십 개발, 커뮤니케이션 코칭, 인재 선발 및 배치 전략 등 보다 실무적인 영역에서 활용될 수 있도록 발전해 왔다. 특히 디스크는 조직 구성원의 행동 경향을 이해하고, 팀 내 소통과 협업을 증진시키는 데 효과적인 도구로 평가받으며 빠르게 확산되었다.

그러나 우리나라의 경우, 오랫동안 외국산 디스크 검사에 의존해 온 탓에 조직문화, 언어적 표현, 직무 환경의 차이로 인해 실질적인 현장 적용에서 한계를 드러내는 경우가 많았다. 일부 국내에서 자체 개발한 도구도 존재했지만, 시스템적 지원과 데이터 확보가 어려운 상황으로 행동유형 분석에 필수인 데이터의 부재 등으로 인해 보다 정교하고 현장 친화적인 진단 도구의 필요성이 꾸준히 제기되어 왔다. 이러한 요구와 배경 속에서 개발된 도구가 바로 K-DISC다.(K-DISC 개발 특허번호: [제 10-2764311호])

K-DISC는 행동유형 진단 도구로, 단순히 외국 모델을 번역하거나 응용하는 수준을 넘어, 한국 조직문화와 직무 환경에 최적화된 진단 도구 개발을 목적으로 설계되었다. 한국 직장인의 특성과 실무적 필요에 부합하도록 설계된 순수 국산 디스크 진단 시스템이다. 특히 일반적인 진단 도구의 개발 시 유효 검사자의 최소 표본수가 200명 수준임을 감안할 때 K-DISC는 1,114명의 유효 표본 검사자가 참여하여 신뢰성을 대폭 높였으며 특히 사회적 바람직성 편향{설문조사, 인터뷰, 검사 등에 응답할 때 자신을 실제보다 더 긍정적이고 사회적으로 바람직하게 보이도록 답변하는 경향(Social Desirability Bias)}을 최소화하여 신뢰성이 높은 객관적인 검사로 개발되었다.

K-DISC는 다음과 같은 주요 특장점을 지닌다.

✓ 한국인의 조직 내 커뮤니케이션 특성에 맞춘 문항 구성
✓ 정확도를 높인 하이브리드형 진단 알고리즘
✓ 디지털 기반의 데이터 축적과 리포트 자동화 기능

[그림1] K-DISC 진단 리포트

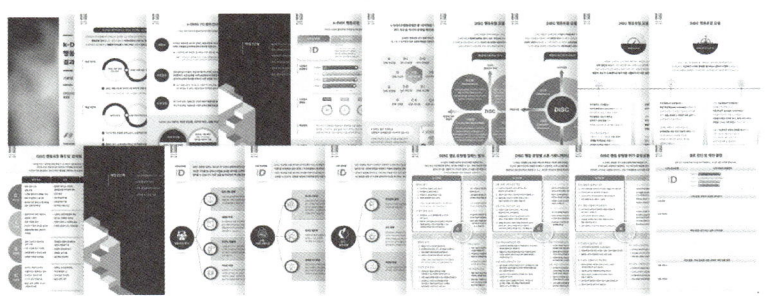

(자세한 정보는 K-DISC 공식 홈페이지 참조 www.kdisc.biz)

특히 K-DISC는 단순한 행동유형 리포트를 제공하는 데 그치지 않고, 실제 조직 현장에서 피드백, 코칭 가이드, 실천 워크북 등과 유기적으로 연동되도록 설계되어 있다. 이러한 통합적 접근 방식은 K-DISC를 단지 진단 도구에 머무르게 하지 않고, AI 시대에 요구되는 자기주도형 커리어 설계 도구로서 활용 가치를 더욱 높여준다. 결과적으로 K-DISC는 마스턴의 디스크 이론을 기반으로 하되 이를 한국적 상황에 맞게 재해석하고 실용화한 진단 시스템으로, 조직과 개인 모두에게 통찰력 있는 방향성을 제시하는 진일보한 행동유형 도구라고 할 수 있다.

행동유형 DISC 4가지 유형이란?

1) D형(주도형, Dominance)

D형은 본질적으로 높은 성취 욕구와 명확한 목표 지향성을 가진 사람이다. 빠르게 판단하고 실행에 옮기며, 상황을 직접 이끌려는 성향이 강하다. 이들은 경쟁을 즐기고, 변화를 두려워하지 않으며, 도전적인 과제 속에서 에너지를 느낀다. 도전과제에 뚜렷한 성과를 내기 위해 좌고우면 하지 않고 집중하여 속도감 있게 추진해 나간다.

이들은 어떤 과업을 맡더라도 책임감 있게 결과를 만들어 내는 데 집중한다. 탁월한 성과를 낼 수 있는 자율성을 중시하며 높은 자신감을 갖고 행동하기 때문에 단호하고 신속하다. 이러한 특성은 리더십을 발휘할 수 있는 조직 내 역할에서 매우 유리하게 작용한다.

    D형의 가장 큰 강점은 목표 달성을 위한 빠른 판단과 의사결정으로 일을 해결해 나가는 능력이다. 다른 사람들이 다소 어렵고 불가능해 보이는 과업에 주저하고 있을 때도 두려워하지 않고 바로 시도하고, 발생하는 문제점은 빠르게 해결하며 추진해 나간다. 뿐만 아니라 함께 하는 사람들을 독려하며 목표를 세우고 방법을 찾아 해결해 나가는 리더십을 발휘하기 때문에 조직은 새로운 과업에 대한 시도를 두려워하지 않으며 적극적으로 임하고 성장해 나간다.

    그러나 과업 중심으로 빠르게 행동하고 결과를 얻는 것을 높은 우선순위에 두기 때문에 상대적으로 '관계'에는 관심이 적어 사람들에 대한 공감 표현은 다소 어색한 편이다. 타인의 의견을 경청하지 않거나 조급하게 결론을 내리려는 경향이 나타나기 때문에 실수나 변수에 대해 여유를 갖기보다는 이를 통제하여 일을 해결해 나가려다 보니 상대는 냉정하다고 느낄 수 있다.

    또한 기회가 제한되거나 자신의 주도권이 상실되거나 제한될 때 좌절감을 느끼고 더 나아가 일을 추진할 동기를 잃어버리기도 한다. 조직 안에서 책임과 권한이 모호하거나 협업하는 환경에서 주도권을 얻지 못하면 업무 효율이 떨어지는 경우가 있어 작은 단위라도 자율적으로 책임지고 일을 할 수 있도록 주는 업무 분장을 하는 것이 효과적이다.

소통 방식에서도 D형은 매우 직설적이고 간결한 표현을 선호한다. 불필요한 설명보다는 요점을 빠르게 전달하고, 상대방 역시 신속하고 명확하게 반응하기를 기대한다. 감정보다는 사실과 방향성을 중시하며, 때로는 명령조로 들릴 수 있는 단호한 어조를 사용하기도 하지만 상대방을 무시하기보다는 빠르게 일을 해결하려는 의도이므로, 이 차이를 이해하고 소통의 방식을 조율하는 것이 중요하다.

D형은 스스로를 '결과로 말하는 사람'이라고 인식하는 경향이 강하며, 목표 달성을 통해 자신을 증명하려 한다. 따라서 이들과의 관계에서는 신뢰를 쌓기 위한 감정적인 유대보다는 '성과로 연결되는 대화'를 중심으로 접근하는 것이 효과적이다.

2) I형(사교형, Influence)

I형은 사람과 사람 사이에서 에너지를 얻고, 감정의 흐름 속에서 삶의 활력을 느끼는 유형이다. 기본적으로 밝고 낙천적인 기질을 가지고 있으며, 누구와도 쉽게 어울릴 수 있는 친화력을 지녔

다. 모임이나 회의 자리에서 이들은 자연스럽게 분위기를 부드럽게 만들며, 긴장된 상황도 웃음과 따뜻한 말 한마디로 전환시킬 수 있는 능력을 지니고 있다.

이들은 새로운 만남에 대한 두려움이 거의 없으며, 오히려 낯선 사람과의 대화에서 기쁨과 흥미를 느낀다. 인간관계를 삶의 중요한 자산으로 여기고, 관계 속에서 자신의 존재감을 확인하며 의미를 찾는 이러한 특징은 마케팅, 교육, 상담, 홍보 등과 같은 대인관계 중심의 업무에서 성과를 내는 데 유리하다.

I형의 가장 큰 강점은 타인의 감정을 민감하게 읽고 공감하는 능력이다. 감수성과 직관이 뛰어나며, 새로운 아이디어를 떠올리는 창의력 또한 탁월하다. 특히 상대방의 기분 변화나 미묘한 표현도 빠르게 감지하여 적절한 말과 행동으로 반응할 수 있고 이러한 특성은 감정이 중요한 비즈니스 영역이나 협업 환경에서 커다란 장점이 된다. 또한 자유로운 사고와 다양한 관심사는 그들을 독창적인 해결책을 제시할 수 있는 사람으로 만들어준다.

그러나 이러한 장점은 때로는 단점이 되기도 한다. 감정이 흐름을 지배하는 경우가 많아 충동적으로 결정을 내리거나 계획을 변경하는 일이 발생할 수 있으며, 마감 일정이나 세부적인 디테일 관리에 소홀해지는 경향도 있다. 실행보다 아이디어 자체에 몰입하거나 현실적 장벽을 무시하고 낙관적으로 해석하는 경우도 종종 나타난다. 그럼에도 불구하고 이들의 인간적인 매력은 주변 사람들의 신뢰와 협력을 이끌어낸다.

반면, 부정적인 평가나 비판적인 언급에는 상처를 받기 쉬우며, 위축되거나 감정을 숨기려 하기보다는 대화를 회피하는 방향으로 반응할 수 있다. 이들과 소통할 때는 따뜻한 언어, 밝은 분위기, 긍정적인 시선이 중요하다. 사실을 전달하더라도 말투나 표현에 감정적인 배려가 담겨야 한다. 그렇지 않으면 이들은 비난으로 오해하거나 관계 자체를 회피하는 방향으로 흐를 수 있다.

I형은 '내가 다른 사람에게 어떤 감정을 남겼는가'를 항상 중요하게 여긴다. 자신이 분위기를 주도하고, 사람들에게 긍정적인 영향을 주는 존재로 인식되기를 바란다. 함께 있는 순간, 함께 웃고 대화하는 시간 속에서 스스로의 가치를 확인하려 하며 '나는 사람들과 함께일 때 가장 나답다'는 인식이 강해 그 속에서 자신의 정체성을 확립하려 한다.

이러한 I형과 효과적으로 소통하려면, 감정을 존중해 주고 표현의 자유를 허용하는 유연한 분위기를 제공하는 것이 중요하고 틀에 얽매이지 않는 자유로운 대화, 따뜻한 감정의 흐름, 칭찬과 인정이 포함된 언어가 그들에게는 최고의 동기부여가 된다. 감정을 억제시키기보다는 자연스럽게 표현하도록 도와주는 것이 소통의 핵심이다.

3) S형(안정형, Steadiness)

S형은 조화롭고 안정된 관계를 추구하는 대표적인 유형이다. 감정의 기복이 적으며, 언제나 일정하고 신뢰할 수 있는 태도로 주변 사람들에게 편안함을 제공한다. 이들은 타인의 감정을 예민하게 살피기보다는, 조용하고 균형 잡힌 반응으로 상황을 안정시킨다. 즉흥적인 변화나 감정의 소용돌이보다는, 예측 가능하고 반복 가능한 일상 속에서 편안함을 느낀다.

조직이나 팀 안에서는 자신을 드러내기보다는, 묵묵히 자신의 역할을 성실하게 수행하며 전체의 분위기를 안정시키는 역할을 한다. 급변하는 상황보다는, 이미 익숙해진 시스템 속에서 기여하는 방식으로 일한다. 이러한 특성 때문에 팀에서는 언제든지 믿고 의지할 수 있는 '든든한 버팀목'으로 인식되며, 갈등이 생겼을 때 중재자로 자주 나서게 된다. 이들의 존재는 눈에 크게 띄지는 않지만, 그 자리에 있을 때 조직이 훨씬 더 안정되어 보이는 중요한 역할을 한다.

S형이 지닌 가장 큰 강점은 깊은 인내심과 배려심, 그리고 환경

이나 조직에 대한 높은 충성심이다. 이들은 타인의 부탁을 거절하기 어려워하며, 누군가 도움이 필요하다고 느끼는 순간 자연스럽게 손을 내민다. 힘든 상황에서도 감정을 억제하며 갈등을 줄이려는 태도는, 협업과 조직 생활에서 매우 긍정적으로 작용한다. 갈등이 발생하더라도 상대방의 입장을 먼저 이해하려 하고, 자신의 감정을 드러내기보다는 상황을 원만하게 해결하려는 노력을 지속한다.

그러나 이러한 특성은 때로는 소극적으로 보이거나, 자기표현이 부족하다는 평가를 받게 만들기도 한다. 특히 자신의 생각이나 감정을 겉으로 드러내지 않고 마음속에 오래 담아두는 경향이 있어, 주변 사람들에게는 불필요한 오해나 오랜 시간 후의 감정 폭발로 이어질 가능성을 내포하고 있다. 또한, 반복적인 갈등 회피로 인해 스스로 무력감을 느끼거나 중요한 순간에 결단하지 못하는 우유부단한 모습으로 비춰질 수도 있다. 하지만 이 모든 것도 타인을 배려하려는 마음에서 비롯된 것이기에, 그 본질은 따뜻하고 책임감 있는 태도에 뿌리를 두고 있다.

S형은 소통에 있어서 신속함보다는 신중함, 말보다는 경청을 우선시하는 태도를 보인다. 상대방의 이야기를 진심으로 들어주며, 단순한 경청을 넘어 감정적으로도 깊이 공감한다. 감정을 외적으로 드러내지 않더라도, 상대가 말하지 않아도 그 마음을 이해하려는 태도를 유지하며, 상대방이 자신의 이야기를 편하게 꺼낼 수

있도록 배려한다.

자신의 의견을 말할 때는 충분한 사전 고민과 정리를 마친 뒤에 조심스럽게 표현한다. 이들은 직접적이고 날카로운 표현보다는, 부드럽고 간접적인 언어를 선호한다. 특히 자신의 의견이 상대방에게 부담이 되거나 상처가 될 수 있다는 생각이 들면, 차라리 말하지 않고 참고 넘어가는 경우도 많다. 이처럼 조심스럽고 진중한 소통 방식은 때때로 소극적으로 보일 수 있으나, 사실은 관계를 존중하고 배려하려는 깊은 마음에서 비롯된 것이다. 다만, 상대방이 성급하게 재촉하거나 직설적인 화법을 사용할 경우, S형은 심리적 거리감을 느끼고 마음을 닫아버릴 수 있다. 비난보다는 이해를, 빠른 결정보다는 충분한 대화를 원하는 이 유형에게는, 조급한 소통 방식이 오히려 불편함과 방어적 반응을 불러일으킬 수 있다.

S형은 누군가에게 도움이 되고, 의지가 되는 존재로 인식될 때 내면의 평안함과 자존감을 느낀다. 단지 성과를 내는 것보다, 함께하는 사람의 곁에서 의미 있는 역할을 한다는 사실 자체가 이들에게는 큰 가치로 다가온다. "나는 함께 있을 때 더 나은 사람이 된다"는 믿음을 가지고 있으며, 관계 안에서의 역할과 의미를 매우 중시한다.

신뢰와 존중은 이들의 인간관계를 지탱하는 가장 중요한 축이다. 단기적인 이익이나 감정의 기복보다도, 일관되고 진정성 있는 관계에서 안정감을 느낀다. 이들과 깊은 관계를 맺고자 한다면, 서두르지 말고 천천히, 그러나 진실하게 다가가는 것이 가장 효과적인 방식이다. 거창한 말보다 따뜻한 배려, 크고 복잡한 이벤트보다 작지만 꾸준한 신뢰의 표현이 이들에게는 훨씬 더 큰 울림으로 다가온다.

4) C형(신중형, Conscientiousness)

C형은 정확성과 체계성을 삶의 핵심 가치로 여기는 사람이다. 어떤 일을 대할 때에도 우선순위에 따라 기준과 원칙을 세우고, 그에 맞춰 차분하게 접근하는 태도를 지닌다. 세부사항 하나 하나에 주의를 기울이며, 사소한 것도 그냥 지나치지 않고 철저히 체크하려는 성향이 강하다. 즉흥적으로 결정하기보다는, 충분한 시간을 들여 분석하고 검토한 후 행동에 옮기는 신중함을 보여준다. 이들은 항상 '왜 그런 결과가 나왔는가'를 따져보며, 과정보다 결과보다 과정의 논리적 적합성을 더욱 중요하게 여긴다.

C형의 강점은 뛰어난 분석력과 논리성, 그리고 정밀한 정확성에 있다. 복잡한 상황에서도 핵심을 구조화하여 명확하게 정리하는 능력이 탁월하고, 실수를 줄이기 위해 철저하게 점검하며 완성도를 높이려는 노력을 아끼지 않는다. 이런 성향은 기획, 연구개발,

품질관리처럼 치밀함과 정밀함이 요구되는 업무에서 큰 장점이 된다. 특히 자신이 맡은 영역에서 최고 수준의 정확도를 추구하기 때문에, 조직 내에서 '믿고 맡길 수 있는 사람'으로 평가받는 경우가 많다.

하지만 이러한 강점이 지나치게 발현되면 단점으로 이어질 수도 있다. 예를 들어, 세부 사항에 과도하게 몰입하다 보면 전체적인 흐름을 놓치게 되는 경우가 있고, 업무 속도가 느려져 주위의 답답함을 유발할 수 있다. 또한 높은 기준을 자신뿐만 아니라 타인에게도 적용하려 하기 때문에, 무의식중에 상대를 비판적으로 바라보거나 냉정하게 느껴질 수 있다. 이로 인해 관계에서 다소 거리를 두게 되며, 감정적인 교류보다는 이성적인 판단을 우선시하는 태도로 인해 인간관계가 어렵게 느껴지는 순간도 있다.

소통에서도 C형은 매우 조심스럽고 논리적인 접근을 선호한다. 말 한마디도 근거 없이 하지 않으려 하며, 자신의 주장을 펼칠 때는 반드시 명확한 데이터나 사실을 기반으로 한다. 상대방이 감정적으로 접근하거나 비논리적인 주장을 펼칠 경우, 이를 불편하게 느끼거나 대화 자체를 피하려는 모습을 보이기도 한다. 이들에게는 직설적인 감정 표현보다는 체계적인 설명과 구체적인 정보가 더욱 효과적인 소통 방식이다.

C형은 모든 상황에서 일관성과 신뢰성을 유지하려 하고 자신이 통제할 수 있는 환경 속에서 최상의 효율을 추구하며, 완성도 높은 결과를 통해 자신의 가치를 증명하려는 의지가 강하다. 이들과의 관계에서 중요한 것은 감정적 유대보다는, 논리적 일관성과 약속을 지키는 신뢰 기반의 태도이다. 감정적으로 거리가 있어 보일 수 있으나, 그 내면에는 자신이 맡은 일을 누구보다 성실하게 완수하려는 깊은 책임감이 깃들어 있다.

DISC 유형별 일상 속의 오해

　　우리는 일상에서 누군가의 말이나 행동을 접할 때, 종종 빠르게 판단하고 단정 짓는 경향이 있다. 그리고 '왜 저런 식으로 말하지?', '도대체 무슨 생각인지 모르겠다'는 생각이 불쑥 들곤 한다. 그러나 디스크 유형에 대해 이해하게 되면, 이러한 반응 중 상당 부분이 단순한 의견 차이에서 비롯된 것이 아니라 행동 기준의 차이에서 비롯된다는 사실을 알게 된다.

　　그동안 불쾌하거나 답답하게 느꼈던 많은 상황이 알고 보면 감정이 충돌한 것이 아니라 '행동의 다름'에서 비롯된 오해일 수 있다. 디스크를 알고 나면 우리가 살면서 겪는 수많은 갈등을 더 이상 불편함이나 마찰로만 기억하지 않을 수 있다. 서로의 유형을 이해하고 조율해 관계에 대한 우리의 관점을 새롭게 바꿀 수 있다.

이처럼 디스크는 '반복적으로 나타나는 행동의 경향성'을 통해 우리가 실생활에서 보다 나은 소통과 관계 전략을 설계할 수 있도록 도와주는 실용적인 프레임이다. 디스크가 분석하는 '행동'은 고정불변의 성격과 달리, 변화 가능하고 조정 가능하다는 점에서 차별점이 있다. 이러한 특징 덕분에 디스크가 단순한 진단을 넘어 각자의 유형에 맞는 실행 전략과 관계 설계가 가능한 실행 중심 도구라는 것이다.

다음에 소개할 사례들은 우리가 일상에서 흔히 마주하는 오해의 순간들을 디스크라는 렌즈를 통해 바라보려고 한다. 이를 통해 이전에는 알지 못했던 전혀 다른 맥락과 의미를 알 수 있으며, 단순한 '오해'가 '이해의 시작점'으로 바뀌는 인식의 전환이 일어날 것이다.

1) D형(주도형)
– 빠른 결정이 무례하게 보일 때

첫 번째 사례는 많은 직장인들이 공감할 수 있는 회의 장면에서 시작된다. 한 팀원이 회의에서 발표를 시작하며 프로젝트의 배경과 흐름을 설명하자, 말을 채 끝내기도 전에 D형(주도형) 상사는 단호하게 말을 끊는다.
"결론부터 말해 주세요."

이 말을 들은 팀원은 순간 당황하고 상처받는다.

'내가 준비한 내용을 왜 들으려 하지 않지?', '말할 기회조차 주지 않는 건가?'라는 생각이 들면서 상대방이 자신을 무시한다고 느낄 수도 있다. 때로는 위축되거나, 충분히 존중받지 못했다는 감정을 갖게 된다. 그러나 이러한 반응은 D형 상사의 의도와는 조금 다르다.

D형은 본질적으로 '결과 중심'적인 사고를 갖고 있으며, 빠른 의사결정과 효율적인 커뮤니케이션을 선호한다. 그들은 '핵심을 먼저 듣고 전체를 파악하자'는 방식의 접근을 택할 뿐, 발표자에 대한 불신이나 무시의 감정은 전혀 포함되어 있지 않다. 이러한 특성은 사적인 모임에서도 나타난다. 친구들과 주말 저녁 식사 약속을 잡는 상황에서, 대부분이 "어디가 좋을까?", "시간은 몇 시가 괜찮을까?"라며 서로 눈치를 보고 있을 때, D형은 망설임 없이 말한다.

"그럼, 이번 주 토요일 6시에 강남역 근처 그 고깃집 어때? 메뉴는 삼겹살로 정하자."

이런 결정을 듣고 다른 사람들은 당황할 수 있다.

'우리 의견은 안 물어보네', '왜 혼자 정해?'라며, 독단적이고 자기중심적인 태도로 받아들일 수 있다. 하지만 D형은 오히려 '모두가 고민하는 시간을 줄여주기 위해' 결정을 내린 것이고, '책임지고 빠르게 추진하는 것이 도움이 된다'고 생각한 것이다. 그들에게 있어 결정은 배려의 일종이며, 지체하거나 우물쭈물하는 상황에서 방향을 제시하려는 리더십의 표현일 뿐이다. 이처럼 D형은 행동이 빠르고 주도적인 만큼, 상황에 따라 오해를 사기 쉽다. 하지만 그 속에는 '효율성', '책임감', '목표 지향'이라는 그들만의 행동 기준이 존재한다. 이를 알고 나면 상대의 말이나 행동에 상처받기보다는, 왜 그런 방식으로 반응하는지를 이해하게 되고, 관계는 훨씬 유연하고 건강하게 흘러가게 된다.

2) I형(사교형)
- 유쾌하고 자유로워 보여도

사교형인 I형은 대화의 흐름 속에서 자연스럽게 사람들의 표정에 공감하고, 분위기를 부드럽게 만들기 위해 노력하는 유형이다. 따라서 대화 중 종종 여유로운 농담을 건넨다. 회의 중에도 "어제 영화 봤어요?" 같은 말로 분위기를 부드럽게 하고 싶어 한다. 그러나 이 모습을 보고 누군가는 "왜 집중을 못 해?"라고 불평할지도 모른다. 하지만 I형의 이런 행동은 단순한 잡담이 아니다.

I형은 부드럽고 열린 분위기 속에서 창의적인 아이디어가 더 잘 떠오른다고 믿는다. 모두가 긴장된 얼굴로 메모만 하는 상황보다는 서로 웃고 눈을 맞추며 자유롭게 이야기하는 환경이 생산성에 도움이 된다고 여긴다. 그들은 분위기 자체가 곧 협업의 에너지라고 생각하며, 그 에너지를 자연스럽게 조성하고자 한다. 즉, 그

유쾌함은 일을 방해하려는 것이 아니라, 오히려 일의 시너지를 높이기 위한 노력이다.

I형은 '무엇을 하느냐'보다 '누구와 함께 하느냐'가 더 중요한 사람들이다. 사람들과 함께하는 것에 큰 즐거움을 느낀다. I형인 친구가 친구들과의 약속을 기획하며 "이번 주말에 다 같이 볼까? 마침 새로운 영화가 개봉했는데 엄청 인기가 많다더라~ 다 같이 보는 거 어때?"라며 약속을 제안한다. 한 명 한 명 연락을 돌리고, 여러 명을 한자리에 모으는 데 큰 즐거움을 느낀다. 그러다 막상 약속 하루 전날 "얘들아, 우리 영화 말고 이번에 오픈한 OO 전시회 가는 건 어때? 요즘 핫한 전시인 것 같던데~ 회사 동료가 다녀왔는데 너무 멋졌대. 포토 스팟도 엄청 많았대~ 다들 어때?"라며 장소나 활동에 대해 변경 제안을 하기도 한다. 이럴 경우 장소 변경에 대해 호응하는 친구도 있겠지만 실망하는 친구들도 더러 있을 수 있다. '왜 갑자기 전시를 보러 가자는 거야~ 이 영화 같이 보려고 일부러 안 봤는데, 너무 제멋대로인 것 아냐?'라고 생각할 수 있다.

그러나 I유형을 제대로 알게 되면 이런 오해를 줄일 수 있다. I유형은 누구보다 사람과의 연결을 중요하게 생각한다. 단지 이들은 무엇을 하는가보다는 함께하는 것을 더 중요하게 여길 뿐이다. 그리고 영화를 보는 것보다 전시를 보는 것이 친구들과 감정을 나누고 교류하는 데 훨씬 더 의미 있다고 생각했을 것이다. 즉흥적이며 감정 중심인 태도가 때로는 무책임해 보이거나 가벼워 보일 수 있다. 그러나 그 이면에는 사람을 진심으로 좋아하고 함께하는 시간을 더 풍요롭고 즐겁게 만들고자 하는 선의가 숨어 있음을 잊지 말자.

3) S형(안정형)
- 조용하고 차분한 선택은 배려의 결과

안정형인 S형은 회의나 모임 자리에서 말수가 적은 편이다. 다른 사람들이 먼저 발언하는 동안 조용히 귀를 기울이며, 때로는 누군가 직접 질문하지 않는 한 자신의 의견을 말하지 않고 끝까지 침묵을 지키기도 한다. 이런 모습을 본 사람 중 일부는 '소극적이다', '자기 의견도 없는 사람 같다'는 식으로 단정 짓기도 한다. 하지만 그 조용함의 이면에는 깊은 배려와 신중함이 자리 잡고 있다.

S형은 타인의 감정을 쉽게 감지하고, 말 한마디가 관계에 어떤 영향을 줄지에 대해 민감하게 생각한다. 그들에게 말은 단순한 의사 표현이 아니라, 관계를 조율하고 조화를 이루기 위한 도구이다. 따라서 다수가 있는 자리에서 먼저 나서기보다는 다른 사람들의 의견을 듣고 전체적인 분위기를 파악한 뒤, 꼭 필요한 순간에 조심스럽게 의견을 꺼낸다. 그 조심스러움은 결코 무능함이 아니라, 신중한 리더십의 발현이다.

또 다른 장면은 결정의 순간에서 나타난다. 급하게 결정을 내려야 하는 상황에서 S형은 이렇게 말한다. "조금 더 생각해 보고 말해도 될까요?" 이 말에 조급한 사람은 답답함을 느낄 수 있다. '왜 이렇게 결정이 느리지?', '의사결정력이 부족한가?'라고 생각할 수 있다. 그러나 S형의 느린 결정은 불확실함에 대한 회피가 아니라, 책임에 대한 깊은 자각에서 비롯된다. 한 번 결정한 일은 끝까지 책임지려는 경향이 있기 때문에, 가볍게 선택하고 중간에 바꾸는 것을 꺼린다. 따라서 처음부터 충분히 생각하고 고민하여 '최선의 선택'을 내리고자 한다.

이런 태도는 사람들과의 약속에서도 드러난다. 약속 장소나 시간을 정할 때, 상대가 원하는 대로 맞춰주며 쉽게 동의하지만, 막상 약속일이 다가오면 약간의 불편이나 부담도 쉽게 말하지 못한 채 참고 넘어간다. "그날은 좀 어려울 것 같은데…"라는 말을 속으로 삼킨 채 억지로 약속을 지키는 경우가 많다. 이 과정에서 감정이 쌓이기도 하고, 때론 관계에 무기력감이나 피로를 느끼게 된다.

S형의 진심은 '맞춰주는 것'이 아니라 '함께 평화롭게 가는 것'이다. 그들은 언제나 누군가에게 의지가 되고 싶어 하며, 관계 속에서 안정과 조화를 이루는 것을 최고의 가치로 여긴다. 따라서 이들의 조용한 태도는 단순한 소극성이 아니라 상대를 존중하고 관계를 지키려는 능동적인 배려임을 이해할 필요가 있다.

4) C형(신중형)
- 정확성을 향한 진심 어린 관심

신중형인 C형은 일상 속에서 작은 실수도 그냥 지나치지 않는다. 회의 자료를 보면서도 숫자 하나, 문장 하나까지 꼼꼼히 살피고, 발표 도중이라도 "이 부분 숫자가 틀린 것 같네요"라고 정확하게 지적한다. 이 말을 들은 상대방은 당황하거나 기분이 상할 수 있다. '굳이 그렇게 집어서 말해야 하나?', '사람들 앞에서 망신 주는 건가?'라는 생각이 들기도 한다. 하지만 C형의 이러한 말은 누군가를 곤란하게 하기 위한 비판이 아니다.

그들에게 정확성은 곧 신뢰이고, 사소한 오류 하나가 전체의 신뢰를 무너뜨릴 수 있다는 생각을 갖고 있다. C형은 실수를 개인의 잘못이 아니라, 전체의 완성도를 위한 교정의 기회로 본다. 지금 지적하는 것이 결과물의 품질을 높이고, 더 큰 문제를 예방하는 최선의 방법이라고 믿는다. 그들의 피드백은 감정이 아니라 '사실'에 기반하며, 냉정한 말투 속에도 공동의 목표를 위한 책임감이 담겨있다.

또 다른 오해는 소통의 방식에서 나타난다. 단체 채팅방이나 소셜 미디어에서 C형은 거의 반응을 하지 않거나, 이모티콘 하나 없이 단답형으로 답하는 경우가 많다. 심지어 생일 축하 메시지나 농

담에도 아무 말이 없을 때가 있다. 이를 본 사람은 '무뚝뚝하다', '비협조적이다' 혹은 '사람들과 어울릴 생각이 없나?'라고 생각할 수 있다. 그러나 C형은 '정보 중심형 대화'를 선호하는 경향이 있다. 불필요한 말에 에너지를 쓰기보다는, 필요한 순간에 정확한 말 한마디를 던지는 것이 더 중요하다고 여긴다. 의사소통의 목적이 뚜렷하지 않을 때, 감정 섞인 대화가 이어질 때, C형은 오히려 거리감을 둠으로써 스스로의 균형을 유지한다.

또한, 대화를 나눌 때도 감정적인 표현보다는 논리와 근거가 담긴 말에 더 귀를 기울인다. 상대가 뜬구름 잡는 말을 하거나, 상황에 대한 명확한 데이터를 제시하지 않을 경우 쉽게 피로감을 느낀다. 이럴 때는 대화를 피하거나, 반응이 없다는 이유로 오해를 사기도 한다. 그러나 그 침묵의 배경에는 "확실하지 않은 말은 하지 않는 것이 좋겠다"라는 원칙 중심의 태도가 있다.

C형은 스스로를 '기준을 지키는 사람'이라고 여긴다. 그들은 팀 안에서의 역할이 조용한 감시자이자, 구조를 유지하는 사람이라고 생각한다. 그러므로 이들과의 관계에서는 감정적인 유대보다는 신뢰와 전문성에 기반한 상호 존중이 훨씬 효과적이다. 결국 C형의 예리한 피드백과 조용한 태도는 누군가를 평가하기 위한 것이 아니라, 조직과 관계의 신뢰를 지키기 위한 행동임을 이해할 필요가 있다

5) 사람의 행동유형이 4가지뿐일까

디스크는 크게 4가지 유형으로 구분되지만 인간의 행동이 단지 4가지로 한정될 리는 만무하다. 4가지는 어디까지나 대표적인 행동 경향을 설명하기 위한 틀일 뿐이며, 실제 사람들은 상황에 따라 서로 다른 유형의 행동을 보이기도 하고 여러 성향이 혼재되어 나타나는 경우가 많다. 다만 그중 한두 가지 성향이 상대적으로 두드러져 우세하게 보일 뿐이다. 실제로 K-DISC 진단 검사에서는 이러한 복합적 특성을 반영해 4가지 기본 유형을 좀 더 세분화해 총 16가지 유형으로 진단하고 있다.

[표7] 디스크의 16가지 유형

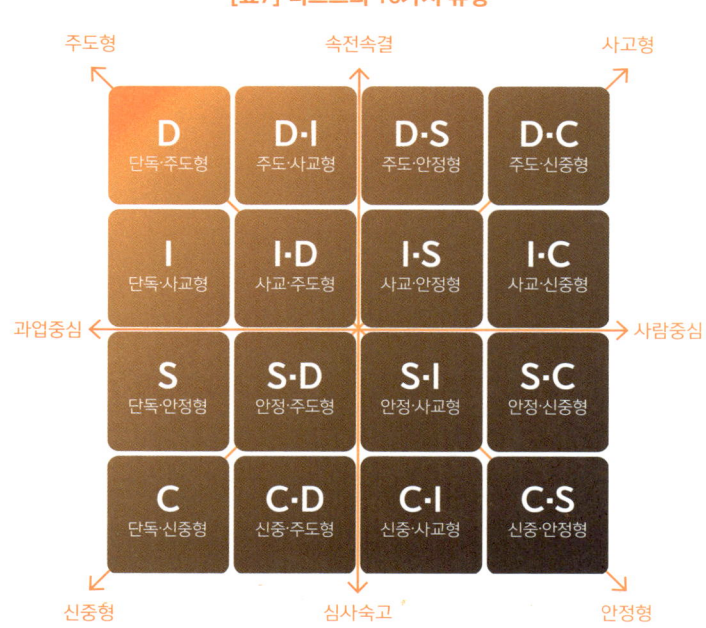

- DISC만의 차별된 강점 4가지
    1) 누구나 이해할 수 있는 '직관적인' 구조를 가진다
    2) '관계성'에서 드러나는 DISC만의 차별성
    3) DISC는 '성격'이 아니라 '행동'을 다룬다
    4) AI 시대와 연결되는 DISC의 확장성
- DISC는 어느 분야에 활용 가능한가
    1) 개인적 관점 – 자기 성장을 위한 '거울'이자 '나침반'
    2) 관계적 관점 – 서로를 이어주는 '소통의 다리'
    3) 사회적 관점 – 진로 설계부터 커리어 성장 전략까지
- 갈등은 피할 수 없다, 그러나 이해를 선택할 수 있다
- 왜 DISC인가 – AI 시대가 다시 불러낸 100년 된 이론

2장

왜 DISC인가

많은 심리 진단 도구가 개인의 성격, 기질, 정서적 경향을 파악하는 데 초점을 두고 있는 반면, '행동유형 디스크(DISC: Dominance, Influence, Steadiness, Conscientiousness)'는 한 걸음 더 나아가 단순한 성향 구분을 넘어서 행동의 패턴을 기반으로 사람 간의 상호작용, 관계 형성, 그리고 실제 상황에서의 대응 방식까지 해석하는 실천 지향형 도구다.

일반적인 성격 검사는 2가지 핵심 요소를 기반으로 설계된다. 첫째는 검사 자체가 진단 목적에 맞게 설계되었는가 하는 검사의 적합성, 둘째는 수검자의 응답을 신뢰성 있게 반영하여 해석할 수 있는 결과 분석의 정확성이다. 디스크 역시 이 2가지 요건을 충실히 충족시키고 있지만, 여기서 멈추지 않는다. 디스크는 그 자체로 끝나는 분석이 아닌, 현장 중심의 계획 수립과 관계 설계를 위한 실용적 프레임으로 확장될 수 있다는 점에서 더욱 특별하다. 디스크의 진정한 가치와 차별성은 '나는 어떤 사람인가'라는 자기인식을 넘어서 '내가 가진 고유한 행동유형이 무엇이고, 이것이 타인과 신뢰를 쌓는 데 걸림돌이 되거나 갈등으로 어떻게 이어지는지'를 해석하게 만든다는 점이다.

이러한 통찰은 단순한 개인 이해를 넘어 타인을 바라보는 새로운 시선을 제공한다. 즉, 상대방의 말과 행동을 다르게 이해하고 받아들일 수 있는 새로운 관점을 부여하는 것이다. 결국 디스크는 자신과 타인을 이해하고, 관계를 개선하며, 조직 내 커뮤니케이션, 팀워크, 리더십, 갈등 관리 등의 실질적인 문제를 해결하는 데까지 연결될 수 있는 '실행 중심의 도구'다. 그래서 디스크는 단순히 진단으로 끝나는 검사가 아니라, 관계의 지도를 새롭게 그려주는 설계 도구이며, 현대 조직과 개인의 성장 전략에 반드시 필요한 변화의 기반이라고 할 수 있다.

DISC만의 차별된 강점 4가지

1) 누구나 이해할 수 있는 '직관적인' 구조를 가진다

디스크는 사람의 행동을 이해하기 위해 복잡한 심리학 이론이나 전문적인 해석이 필요한 도구가 아니다. 오히려 그 반대로, 디스크는 D형(Dominance, 주도형), I형(Influence, 사교형), S형(Steadiness, 안정형), C형(Conscientiousness, 신중형)의 4가지 행동유형으로 구분되며, 누구나 빠르게 이해하고 일상에서 적용할 수 있도록 고안된 직관적인 구조를 지녔다. 이러한 단순하고 명료한 체계는 디스크만의 강력한 장점이다. 복잡하게 설명하지 않아도 한두 번의 설명만으로 "아, 나는 D형 같아", "그 친구는 I형이네" 하고 감을 잡을 수 있을 만큼 이해가 쉬우며, 한 번 익히면 쉽게 기억에 남는다. 초등학생부터 직장 관리자, 부모, 교사, 상담사까지 다양한 연령과 직업군에서 고르게 활용될 수 있다는 점은 디스크의 실용성을 잘 보여주는 예라 할 수 있다.

이러한 유형 구분 방식은 사실 우리 일상에서도 매우 익숙한 방식이다. 대표적인 예가 바로 혈액형 성격론이다. "O형은 자기중심적이다", "O형은 조심성이 많다", "O형은 털털하다"라는 식의 표현들은 과학적 근거와는 별개로 사람들의 기억에 쉽게 남고, 대화의 소재로도 자주 사용된다. 실제로 "O형과 O형은 잘 안 맞는다", "O형은 같은 O형과 편하다"는 식의 말도 오랫동안 사람들 사이에서 관계 해석의 기준처럼 사용되어 왔다. 이처럼 혈액형 성격론이 대중적으로 오랫동안 관심 받았던 이유는 단순하다. 이해하기 쉽고, 말하기 쉬우며, 관계 속에서 상상력을 자극하기 때문이다.

디스크 역시 이와 같은 '유형화의 접근'이라는 점에서 유사한 친숙함을 제공한다. 디스크는 단순히 '그 사람은 어떤 유형이야'로 끝나는 것이 아니라 그 유형에 따른 행동 경향성, 의사소통 방식, 갈등 시 반응, 관계 맺는 방식 등 실제 삶에서 부딪히는 다양한 상황에 대한 대응 전략까지 함께 제시한다. 바로 이 점에서 디스크는 '이해 → 적용 → 실행'의 3단계 실천 모델로 발전할 수 있는 장점을 지닌다. 예를 들어, 회의 자리에서 빠른 결론을 원하며 "요점만 말해 주세요"라고 말하는 D형(Dominance) 상사와 충분한 설명과 공감이 전제되어야 편안함을 느끼는 S형(Steadiness) 직원이 마주하게 되면, 양측 모두 스트레스를 받을 수밖에 없다.

하지만 디스크를 알고 있다면, 이것이 단순한 성격 차이가 아니라 행동유형의 차이에서 비롯된 상호작용 방식의 충돌임을 이해하게 되고, D형은 조금 더 기다리고, S형은 핵심부터 말해 보는 조율을 시도할 수 있다. 이처럼 디스크는 단순한 분석을 넘어, 실제 행동을 조정하고 소통을 원활하게 만드는 실천의 언어로 기능한다. 또한, 디스크는 '상호성'이라는 핵심 가치를 기반으로 설계되어 있다. 즉, 나 자신만을 분석하는 것이 아니라, 상대방의 행동유형을 함께 파악하고 그에 맞는 소통 전략을 구성함으로써 양방향 소통과 관계 개선을 돕는 도구로 확장된다. 여러 가지 진단 도구 중 본인 결과 외에도 전체 유형을 알려주고 이해를 돕는 진단 도구는 디스크가 유일하다. 이러한 점은 기존의 일반적 진단 도구와 가장 뚜렷하게 구분되는 부분이다.

디스크의 4가지 유형을 다시 한번 간결하게 정리해 보면 다음과 같다.

- ✓ **D형 (Dominance, 주도형):** 결과와 목표달성을 중요시하며 빠른 실행과 결정력을 선호한다.
- ✓ **I형 (Influence, 사교형):** 사회적 인정을 중요시하며 유쾌하고 개방적인 성향으로 사람과의 좋은 관계와 분위기를 선호한다.
- ✓ **S형 (Steadiness, 안정형):** 안전과 안정에 대한 추구를 중요시하며, 성실하고 예측 가능한 방식을 선호한다.
- ✓ **C형 (Conscientiousness, 신중형):** 과업에 대한 바르고 정확한 수행을 중요시하며, 체계적이고 분석적인 접근을 선호한다.

이처럼 디스크는 행동 기반의 실천 도구로서 자기이해를 넘어 관계 설계, 커뮤니케이션 조정, 갈등 예방, 팀워크 향상, 리더십 전략 수립 등 다양한 실무 영역에서 강력한 효과를 발휘할 수 있다.

결국 디스크의 가장 큰 강점은 직관적인 단순함에서 오는 실행력이다. 누구나 이해할 수 있고, 어디서든 바로 적용할 수 있으며, 무엇보다 타인을 이해하려는 시작점이 될 수 있다는 점에서 디스크는 시대를 초월한 직관형 커뮤니케이션 도구로서의 가치를 지니고 있다.

2) '관계성'에서 드러나는 DISC만의 차별성

디지털 시대와 팬데믹을 거치면서, 우리는 '소통의 본질'에 대해 다시 고민하게 되었다. 비대면 커뮤니케이션은 정보를 더 빠르게 주고받게 했지만, 동시에 오해와 갈등을 증폭시키기도 했다. 빠르게 연결되는 사회, 효율과 속도를 중시하는 디지털 커뮤니케이션은 정보를 손쉽게 전달할 수 있게 만들었지만, 그 과정에서 우리는 점점 더 '마음을 주고받는 소통'에는 서툴러지고 있다. 비대면 상황에서는 눈빛, 말투, 표정 같은 비언어적 요소가 사라지고, 말의 '맥락'보다 텍스트 그 자체에만 집중하게 된다. 그러다 보니 사소한 오해가 쉽게 갈등으로 번지고, 이러한 소통경험의 부재는 더욱더 소통의 어려움으로 악순환되는 시대가 되었다.

이처럼 관계의 피로도가 높아지는 시대일수록 '상대방의 행동을 정확히 해석하고 이해하는 틀'이 절실히 필요해졌다. 바로 이 지점에서 행동유형 디스크(Dominance, Influence, Steadiness, Conscientiousness)는 가장 현실적이고 실용적인 관계 해석 도구라고 저자는 강조한다. 디스크는 단순히 '나를 이해하기 위한 도구'가 아니다. 그보다 더 중요한 본질은 '나와 타인의 관계' 속에서 드러나는 행동의 차이를 설명하고, 그 차이를 조율하며 더 나은 상호작용을 만들어갈 수 있게 돕는 관계 중심 도구라는 점이다. 실제로 많은 갈등 상황은 누군가가 틀려서가 아니라 단지 서로가 다른 행동 방식을 가지고 있기 때문에 발생한다.

빠른 결정과 실행을 중요시하는 D형(Dominance) 리더는 관계의 안정과 조화를 중요시하는 S형(Steadiness) 팀원에게 지나치게 공격적으로 느껴질 수 있다. 반대로 신중하고 감정에 휘둘리지 않는 C형(Conscientiousness) 동료는 분위기 중심의 I형(Influence) 파트너에게는 차갑고 무관심한 사람처럼 보일 수 있다. 하지만 이 모든 상황은 잘잘못의 문제가 아니다. 단지 각자의 행동 경향성이 다를 뿐이다. 디스크는 이 차이를 단순한 오해가 아닌 관계의 틀 안에서 이해하고 풀어나갈 수 있는 언어로 바꿔준다. 우리는 종종 관계 안에서 상대방을 바꾸려 한다. "왜 이렇게 느려?", "왜 그렇게 예민해?", "왜 그렇게 말이 없어?" 이런 질문은 자연스럽지만 사실은 모두 '내 기준'에서 비롯된 판단이다.

디스크에서는 '상대가 틀린 것이 아니라 다른 것일 뿐'이라고 말한다. 그리고 그 다름을 이해하는 순간, 신뢰는 강요가 아닌 존중 속에서 서서히 피어난다. 관계를 이해하기 위해 가장 필요한 것은 '상대방이 잘못되었고 바꾸려는 시도'가 아니라 그 사람의 행동 이면에 있는 경향성과 동기를 해석하려는 태도이다.

또한 디스크는 고정된 성격을 분석하는 도구가 아니다. 특정한 상황 속에서 반복적으로 드러나는 행동의 패턴을 읽어내기 때문에 역할, 환경, 맥락에 따라 유연하게 해석할 수 있다. 회사에서는 D형처럼 빠르게 결정하고 리더십을 발휘하는 사람이 가정에서는 S형처럼 조용하고 배려 깊은 부모가 되기도 한다. 이러한 유연성은 디스크가 단순한 진단을 넘어 '실천 가능한 관계 전략'으로 확장될 수 있음을 보여준다.

관계를 무너뜨리는 것은 차이 그 자체가 아니라 서로를 모르는 상태에서의 오해다. 그리고 그 오해를 풀 수 있는 첫걸음은 상대를 내 기준에 맞추려는 것이 아니라 그의 기준과 행동 패턴을 있는 그대로 이해하고 존중하는 것이다. '당신은 상대를 이해할 준비가 되어 있는가?' 디스크가 가지는 차별화된 강점의 두 번째이다.

3) DISC는 '성격'이 아니라 '행동'을 다룬다
– 변화와 실행을 위한 실천 도구

디스크(Dominance, Influence, Steadiness, Conscientiousness)가 다른 성격 진단 도구들과 본질적으로 구별되는 가장 핵심적인 특징은 분석의 초점이 '성격(personality)'이 아니라 '행동(behavior)'에 있다는 점이다. 이 차이는 단순히 이론적인 분류 기준의 차원을 넘어서 현장 적용 가능성과 변화 실행 가능성이라는 결정적인 실천력의 차이를 만들어낸다. 많은 사람이 성격이라는 단어를 들으면 '선천적인 기질' 혹은 '쉽게 바뀌지 않는 고유한 특성'으로 이해한다. 그래서 종종 우리는 "저 사람은 원래 그래", "나는 원래 내성적이야"라는 말로 자신이나 타인의 성격을 고정된 것으로 받아들이곤 한다. 이러한 고정된 인식은 변화를 시도하려는 노력조차 무력하게 하고, 자기 성찰 이후에도 "그건 어쩔 수 없다"는 결론으로 이어지기 쉽다. 성격은 마치 운명처럼 받아들이는 경향이 있기 때문이다. 하지만 디스크는 다르다.

디스크는 사람의 성격을 해석하거나 규정짓는 도구가 아니다. 특정한 상황에서 반복적으로 나타나는 행동의 경향성을 관찰하고 분석함으로써 그 사람이 어떤 환경에서 어떤 방식으로 반응하고 소통하는지를 이해할 수 있도록 돕는다. 여기서 핵심은 행동은 학습 가능하고 조정 가능하다는 점이다. 환경에 따라 달라질 수 있고, 의식적인 훈련과 인식을 통해 변화할 수 있다. 이러한 전제를 기반으로 디스크는 '나는 변화할 수 있다'는 긍정적 자기 인식을 가능하게 하며, 단순한 자기 이해를 넘어 구체적인 행동 설계와 실행 전략으로 이어진다. 즉, 디스크는 '당신은 이런 성격이니 그대로 살아야 한다'는 도구가 아니라 '당신은 이런 행동 경향을 가지고 있으니 상황에 따라 어떻게 조율하면 좋을지를 함께 고민하자'는 '변화 중심의 실행 도구'다. 이러한 특징 덕분에 디스크는 실제 조직 현장이나 실무 교육에서 더욱 효과적으로 활용된다. 진단에 머무르지 않고, 실질적인 변화 계획까지 연결될 수 있기 때문이다.

즉, 디스크는 '내 성격을 바꾸라'고 하지 않는다. '행동의 방식'을 조정함으로써 더 나은 상호작용을 만들어가자는 제안을 한다. 그리고 그것이 가능한 도구로 설계되어 있다. 이러한 실행 가능성은 디스크가 조직 내에서도 다양한 방식으로 활용될 수 있는 기반이 된다. 예를 들어 다음과 같은 실천적 영역에 바로 적용이 가능하다.

- ✔ 팀 내 커뮤니케이션 방식 개선 및 협업 전략 설계
- ✔ 조직 내 갈등 예방 및 해결 프레임 구축
- ✔ 리더십 스타일의 다각적 이해 및 팔로우십 강화
- ✔ 고객 응대, 상담, 프레젠테이션 등 외부 소통 방식 조율
- ✔ 업무 효율성 향상을 위한 역할 재조정과 관계 중심 업무 배치
- ✔ 자기 관리, 스트레스 대응 전략, 일-생활 균형 설계

디스크의 진단 결과는 단순한 보고서로 끝나지 않는다. 다음 단계로 이어질 수 있는 다양한 확장 포인트를 제시한다는 점에서 그 자체로 실행력 있는 학습 도구이자 커리어 설계 도구로 기능한다. 디스크는 다음과 같은 실행 전략까지 함께 제시할 수 있다.

- ✓ 개인의 행동유형에 따른 피드백 제공
- ✓ 조직 내에서의 역할 재배치 혹은 협업 방식 개선
- ✓ 팀 단위의 소통 전략 설계
- ✓ 커리어 설계 및 개인 성장 플랜 수립

결국 디스크는 단순히 나를 '이해하는 도구'에서 그치지 않는다. 나를 변화시키고, 조직 안에서 더 잘 기능하도록 돕는 실천 도구다. 그리고 그 출발점은 변하지 않는 '성격'이 아니라 변화 가능한 '행동'에 주목하는 관점에서 비롯된다. 디스크는 변화의 가능성을 보여주는 지도이며, 그 지도를 따라 행동을 조정할 수 있을 때, 진짜 성장이 시작된다.

4) AI 시대와 연결되는 DISC의 확장성
- 행동 데이터를 이해하는 가장 인간적인 언어

우리는 지금 AI가 인간의 행동을 분석하고 예측하는 시대에 살고 있다. 과거에는 사람의 성격이나 성향을 파악하기 위해 설문이나 면담에 의존했지만, 이제는 클릭 패턴, 반응 속도, 언어의 흐름, 심지어 표정까지 데이터로 수집되고 해석된다. 이처럼 '보이지 않는 행동의 흔적'을 포착하려는 기술이 발전함에 따라, 그 데이터를 어떤 구조로 해석하고 활용하느냐가 새로운 화두가 되었다. 바로 이 지점에서 디스크는 특별한 의미를 갖는다.

디스크는 인간의 행동을 D(주도형, Dominance), I(사교형, Influence), S(안정형, Steadiness), C(신중형, Conscientiousness)라는 4가지 유형으로 구조화하는 가장 직관적이고 실용적인 행동 언어다. 이는 단순히 자기 성찰의 도구를 넘어서, AI가 수집하는 행동 데이터를 해석하고 정제하는 하나의 '사람 중심의 프레임'이 될 수 있다. 다시 말해, 디스크는 AI가 이해하기 쉽게 '행동의 기준'을 제공하는 인간 친화적 언어인 것이다.

AI 기술은 방대한 데이터를 실시간으로 분석할 수 있지만, 그 해석은 결국 인간 중심의 틀 위에서 이루어져야 한다. 예를 들어, 학습 플랫폼에서 AI는 사용자의 클릭 횟수, 학습 완료율, 영상 반복 시청 구간 등을 수집할 수 있다. 하지만 그 사용자가 왜 특정 시간대에 학습을 멈췄는지, 어떤 유형의 콘텐츠에 몰입했는지를 파악하기 위해서는 '행동유형'이라는 관점이 필요하다. 이때 디스크는 각 유형의 특성과 학습 방식의 차이를 기준으로, AI 분석 결과에 '맥락'을 부여하는 도구로 활용된다.

실제로 AI 기반 교육 플랫폼에서는 디스크와 결합한 학습 경로 설계가 가능하다. D형(주도형)은 실행 중심의 콘텐츠를, I형(사교형)은 흥미와 감정이 살아 있는 스토리 기반 콘텐츠를, S형(안정형)은 안정적인 반복 학습과 피드백 중심 콘텐츠를, C형(신중형)은 분석적이고 구조화된 고난도 콘텐츠를 선호하는 경향이 있다. 이러한 유형별 학습 패턴은 AI가 데이터를 통해 실시간으로 포착하고, 디스크는 그것을 행동 기반 피드백으로 전환해 실질적인 학습 전략으로 구체화한다.

더 나아가 디스크는 대화형 AI에도 적용될 수 있다. 예를 들어, AI 챗봇이 D형 사용자에게는 요점 중심의 빠른 응답을, I형에게는 따뜻한 감정적 공감을, S형에게는 신뢰를 바탕으로 한 부드러운 안내를, C형에게는 구체적이고 논리적인 설명을 제공하는 방식이다. 동일한 질문이라도 유형에 따라 전혀 다른 방식으로 반응할 수 있으며, 이는 결국 AI가 사람의 행동을 이해하고 맞춤형으로 소통하는 수준까지 발전하게 만든다.

조직 내에서도 마찬가지다. AI가 회의 데이터를 분석해 구성원 간 대화의 속도, 주도성, 피드백, 반응성을 측정할 수 있다면, 디스크는 그 데이터를 통해 각 구성원의 행동유형을 추정하고, 팀워크 개선 전략이나 갈등 예방 방안을 수립하는 데 실질적인 해석을 제공한다. 예를 들어, 팀 내에서 불같은 카리스마와 속도로 일을 추진하는 D형 리더와 체계적인 준비와 꼼꼼한 검수가 필요한 C형 팀원 간의 속도 차이에서 발생하는 충돌을 단순한 성격 문제가 아닌 행동유형의 불일치로 이해한다면, 상호 간의 피드백 방식과 회의 운영 방식도 자연스럽게 조정할 수 있다.

이처럼 디스크는 AI가 더욱 인간 중심적으로 진화하는 데 있어 든든한 짝이 되어준다. 인간의 행동을 구조화하고, 관계의 맥락을 해석하며, 다양한 상황에서 상호작용 전략을 제시해 주는 디스크의 프레임은, AI의 알고리즘을 사람답게 만드는 데 필요한 '감각'을 제공한다. 우리는 이제 디스크를 단지 인간을 위한 도구로만 볼 수 없다. 그것은 AI가 인간을 이해하고 도울 수 있도록 이끄는 중요한 다리이며, 사람과 기술을 연결하는 '휴먼 인터페이스'라고 할 수 있다. AI 시대가 고도화될수록, 사람의 행동을 가장 잘 이해하는 도구가 더욱 주목받게 될 것이다. 그리고 그 중심에는 디스크라는 실용적이고도 직관적인 행동 언어가 있다. 조금 더 자세한 내용은 「6장 DISC 인사이트」에서 다루기로 한다.

DISC는 어느 분야에 활용 가능한가

디스크는 단순히 자신의 성향을 알아보는 심리 검사에서 끝나는 도구가 아니다. 그보다 훨씬 실용적이며 확장 가능한 도구로서, 자기 이해에서 관계의 조율, 나아가 사회적 역할 수행에 이르기까지 다양한 삶의 영역에서 실행 가능한 전략을 제시해 주는 프레임워크다. 디스크의 핵심은 사람의 '행동 패턴'을 기반으로 하고 있다는 점에 있다. 즉, 지금 이 순간의 내 모습뿐 아니라, 특정한 환경에서 어떤 방식으로 반응하고 어떤 커뮤니케이션 방식을 선호하며, 어떤 갈등 상황에서 어려움을 겪는지를 구체적으로 드러낸다.

이처럼 행동을 중심으로 한 분석이 가능하기 때문에, 디스크는 개인적인 성장부터 대인관계 개선, 사회적 역할 수행까지 다양한 맥락에서 폭넓게 적용될 수 있다. 이번 장에서는 이러한 디스크의 확장성과 활용성을 '나'를 중심으로 ①개인적 관점, ②관계적 관점, ③사회적 관점이라는 3가지의 단계적, 확장적인 개념으로 나누어 살펴보기로 하자.

1) 개인적 관점
- 자기 성장을 위한 '거울'이자 '나침반'

디스크의 가장 기본적이면서도 핵심적인 활용 영역은 바로 자기 이해다. 우리는 누구나 더 나은 나, 성장한 나를 꿈꾸지만 정작 자신의 진짜 모습, 즉 반복적으로 드러나는 행동 경향을 정확히 파악하지 못한 채 자기계발이라는 이름 아래 시행착오를 겪는 경우가 많다. 디스크는 이러한 혼란을 줄여준다. 특정 상황에서 내가 어떤 방식으로 행동하고 반응하는지를 '객관적인 프레임'으로 보여주며, 강점은 무엇이며, 어떤 점에서 반복적으로 어려움을 겪는지를 명확히 파악하게 해준다. 이는 자기 성찰의 깊이를 더하고, 단순한 감정 반응이 아닌 구체적 행동 전략으로 연결되는 자기 성장의 나침반이 되어준다. 예를 들어,

- ✓ **D형(주도형, Dominance)**은 목표 중심적이고 추진력이 강하지만, 때때로 상대방의 감정이나 관점을 충분히 고려하지 못하고 서두르는 경향이 있다.
- ✓ **I형(사교형, Influence)**은 대인관계 능력이 뛰어나고 표현력이 풍부하지만, 반면에 체계적인 실행과 마무리에서 어려움을 겪을 수 있다.
- ✓ **S형(안정형, Steadiness)**은 협력과 신뢰를 기반으로 조화로운 관계를 잘 이끌어가지만, 낯선 변화나 빠른 결정에는 쉽게 위축되거나 망설이게 된다.
- ✓ **C형(신중형, Conscientiousness)**은 세밀한 분석력과 체계적인 사고를 바탕으로 높은 수준의 완성도를 추구하지만, 때로는 지나친 검토와 기준 설정으로 실행이 늦어질 수 있다.

이러한 유형별 행동 특성을 인식하게 되면 '나는 어떤 상황에서 내 역량이 더 빛나는가?', '어떤 환경이 나에게 더 적합한가?'라는 질문에 스스로 답을 찾을 수 있다. 그 과정에서 자연스럽게 자기주도 학습, 감정 조절, 시간 관리, 업무 스타일 개선 등 자기계발의 핵심 영역에서 보다 명확한 전략을 세울 수 있게 된다. 또한 디스크는 나의 행동 경향을 바탕으로 '나는 어떤 업무 방식이나 직무 환경에서 최고의 퍼포먼스를 발휘할 수 있는가?'라는 중요한 커리어 질문에 대한 실질적인 힌트를 제공한다. 예를 들어 일반적으로,

- ✓ **D형**은 빠르게 성과를 내야 하는 프로젝트나 리더십이 필요한 역할에 강점을 보이며,

- ✓ **I형**은 사람을 만나고 관계를 넓혀야 하는 홍보나 마케팅 등에서 두각을 나타낸다.
- ✓ **S형**은 협력과 일관성을 요구하는 고객지원, 조직 운영 등의 업무에 적합하며,
- ✓ **C형**은 정밀함과 정확성을 요구하는 기획, 분석, 품질관리 등의 역할에서 탁월한 성과를 보인다.

결국 디스크는 '나는 누구인가?'라는 질문에 그치는 것이 아니라 '나는 어떤 방식으로 살아가야 더 나답게 성장할 수 있을까?'라는 실천적인 질문으로 확장되며 개인의 삶과 커리어 전체를 아우르는 거울이자 나침반으로 작용하게 된다.

2) 관계적 관점
– 서로를 이어주는 '소통의 다리'

우리는 하루 대부분의 시간을 누군가와 함께 살아간다. 가정, 학교, 직장, 친구, 사회적 모임 등 모든 삶의 영역에는 늘 '관계'가 자리하고 있으며, 그 중심에는 언제나 '나'와 '너' 사이의 소통이 존재한다. 그러나 안타깝게도 관계가 항상 순조롭지만은 않다. 서로가 의도를 오해하거나, 말 한마디에 상처를 받기도 하고, 충분히 이해한다고 생각했던 사람이 낯설게 느껴지는 순간도 찾아온다. 이처럼 관계 속에서 겪는 갈등과 불협화음은 종종 성격이나 인격의 문제로 오해된다.

"저 사람은 왜 이렇게 이기적이지?", "왜 저렇게 예민하게 반응해?"라는 말처럼 우리는 타인의 행동을 '태도의 문제'로 해석하기 쉽다. 하지만 디스크는 말한다. 그건 잘못된 것이 아니라 '다른 것'일 뿐이라고. 디스크는 타인을 판단하는 기준을 바꾸어준다. 비난이 아닌 이해의 눈으로, 고치려는 시도가 아닌 조율과 배려로 관계를 바라보게 한다. 디스크는 관계적 관점에서 크게 2가지 영역, 조직 내 관계와 일상 속 관계 모두에서 깊은 시사점을 제공한다.

■ 조직 내 관계

– 일의 방식이 다른 사람과 협업할 수 있을까

직장에서의 갈등은 단순히 결과나 업무 능력의 차이에서만 비롯되지 않는다. 오히려 일하는 속도, 피드백을 주고받는 방식, 대화의 스타일, 결정 과정에서의 관여 수준 등 행동 방식의 차이에서 갈등이 많다. 그리고 많은 경우, 이 차이는 '불편한 사람'이라는 오해로 이어진다. 하지만 디스크는 이런 오해를 '행동유형'이라는 렌즈를 통해 해석하게 해준다. 예를 들어 매사 원칙을 준수하고 기준과 세부사항에 대해 중요하게 생각한 C형 리더는 다양한 관점과 자유로운 사고를 통해 격의 없이 여러 아이디어를 꺼내 놓는 I형 팀원에게는 답답하고 융통성 없는 리더라고 느껴질 수 있다. 반대로 리더는 팀원이 다소 부산스럽고 부주의하다고 느껴져 답답함과 불만을 느낄 수 있다.

이런 경우 디스크를 알고 있는 두 사람은 서로를 '바꾸려는 노력'보다 '다르게 이해하려는 접근'으로 전환할 수 있다. 리더는 원칙과 기준을 중요시하면서도 다양한 관점과 아이디어를 존중하는 언어를 선택하게 되고, 팀원은 원칙과 기준을 규제로 해석하기보다 리더의 완결성 높은 업무품질로 이해하게 된다. 이러한 이해는 단순한 오해 해소를 넘어 신뢰와 팀워크의 근간이 된다. 더 나아가 조직 전체에 디스크를 적용하면 개개인의 행동유형에 따라 조직문화, 커뮤니케이션 구조, 회의 운영, 피드백 방식까지 전략적으로 설계할 수 있다. 예컨대,

- ✓ **D형** 구성원이 많은 팀은 빠른 실행과 명확한 목표 설정이 어울리고,
- ✓ **S형** 구성원이 많은 조직은 협력과 안정적인 분위기를 유지하는 것이 성과에 더 도움이 된다.
- ✓ **I형**은 자유로운 아이디어 교환과 감정적 교류가 많은 조직에서 활력을 주며,
- ✓ **C형**은 분석과 검토가 필요한 분야에서 품질을 보장한다.

리더십 또한 달라져야 한다. 모든 구성원에게 동일한 방식으로 동기를 부여하는 것이 아니라 각 유형의 특성에 맞는 언어와 접근 방식으로 조율할 수 있다.

- ✓ **I유형**에게는 격려와 인정의 언어가,
- ✓ **C유형**에게는 분석과 명확한 기준이,

- ✓ **S유형**에게는 관계의 안정감과 배려가,
- ✓ **D유형**에게는 도전과 성취에 대한 동기 부여가 효과적이다.

이처럼 리더가 디스크를 전략적으로 활용할 때 조직 내 갈등은 줄고, 신뢰와 실행력은 함께 높아지게 된다.

■ 일상 속 관계

– 가족, 친구, 연인에게도 DISC가 필요할까

디스크의 유용성은 직장에만 머물지 않는다. 가장 가까운 사람들과의 관계, 즉 가족과 친구, 연인과의 관계에서도 디스크는 따뜻한 이해의 언어가 된다. 예를 들어, 말이 적고 조용한 C형 자녀를 둔 I형 부모는 자녀가 소통을 회피하고 감정을 닫는다고 느낄 수 있다. 반대로 자녀는 부모가 지나치게 감정적이고 간섭한다고 생각할 수 있다. 이럴 때 디스크를 통해 서로의 행동유형을 이해하게 되면 침묵은 무관심이 아니라 신중함이며, 감정 표현은 과잉이 아닌 애정의 표현임을 인식하게 된다(직무 관점의 디스크 검사는 일상생활 속에서의 행동유형과 차이점이 있을 수 있다는 전제조건을 감안하고 판단하자).

부부 사이에서도 마찬가지다. 목표와 속도가 중요하고 신속한 일의 해결을 원하는 D형 배우자와 인정과 칭찬을 중요시하고 감정적 이해와 교류를 원하는 I형 배우자가 함께할 경우 두 사람 사이에 사소한 갈등이 생겼을 때 D형 배우자는 갈등의 해결

책을 찾는 데 몰두하는 반면 I형 배우자는 갈등 상황에서 내 감정에 대한 이해를 원한다. 이러한 상황이 반복되다 보면 성격 차이란 이름으로 갈등이 증폭되겠지만 디스크를 통해 서로의 행동유형을 이해하게 되면 그 차이는 단점이 아니라 서로의 리듬을 조율할 수 있는 성장의 기회가 된다.

친구 관계나 연인 관계도 다르지 않다. 디스크는 상대에 대한 기대치를 조율하고, '왜 저렇게 반응하지?'라는 의문을 '그럴 수 있겠구나'로 바꾸어준다. 이해는 결국 감정을 줄이고 신뢰를 남긴다. 디스크는 이처럼 친밀한 관계를 더 깊고 따뜻하게 해주는 소통의 프레임이 되어준다. 디스크는 단순히 사람을 4가지 유형으로 나누는 도구가 아니다. 그 본질은 '사람을 가두는 것이 아니라 서로를 이해하고 연결하는 '관계의 언어'다. 디스크는 말한다. "당신이 있는 그곳의 관계를, 지금보다 훨씬 더 따뜻하고 건강하게 만들 수 있다"고.

3) 사회적 관점
- 진로 설계부터 커리어 성장 전략까지

디스크는 단순히 '나를 이해하는 도구'에 그치지 않고 그 진정한 가치는 개인의 삶이 사회와 맞닿는 지점에서 더욱 강력하게 발휘된다. 오늘날 우리는 단순히 '어떤 직업을 가질 것인가'보다는 '어떻게 나답게 일할 것인가', 그리고 'AI 시대에 지속 가능한 성장을 어떻게 이룰 것인가'를 고민하는 시대에 살고 있다. AI 시대 속에서 정체성과 직업, 삶의 방식이 점점 더 긴밀하게 연결되고 있는 지금, 디스크는 자기이해에서 출발하여 '실천 가능한 진로 전략'으로 확장되는 실용 도구로서 더욱 중요한 의미를 지닌다.

■ 진로(직무) 선택

– '나' 다운 방향을 찾는 출발점

진로를 선택하는 일은 단순히 직업군을 고르는 문제가 아니다. 그보다 먼저 던져야 할 질문은 '나는 어떤 사람인가?'이다. 디스크는 바로 이 지점에서 강력한 방향성을 제공한다. 타고난 성향, 반복되는 행동 패턴, 몰입의 조건 등을 종합적으로 보여줌으로써, 자기다운 진로의 실마리를 발견하게 해준다. 많은 청소년과 대학생이 진로를 고민할 때 '내가 잘할 수 있는 일이 뭘까?', '무엇을 해야 후회하지 않을까?'라는 질문에 부딪힌다. 이때 디스크는 단순히 적성이나 흥미 차원을 넘어서 '어떤 방식으로 일할 때 몰입과 성취를 경험할 수 있는가'에 대한 단초를 제공한다.

- ✔ **D 유형**은 성과 중심, 빠른 판단, 도전적 과업에서 에너지를 발휘하며 기획, 전략, 기술영업, 창업 등에서 강점을 보인다.
- ✔ **I 유형**은 사람 중심의 환경과 창의적 소통 속에서 몰입하며 교육, 콘텐츠 제작, 마케팅, 예술, 이벤트 분야에 잘 어울린다.
- ✔ **S 유형**은 안정감과 협력을 중시하고, 성실하게 과업을 완수하므로

상담, 간호, 복지, 인사, 교육지원 등에서 신뢰를 받는다.
- ✓ **C 유형**은 분석력과 체계적인 사고가 뛰어나 연구개발, 회계, 품질관리, 데이터 분석 등에서 높은 집중력을 발휘한다.

이처럼 디스크는 단지 '무엇을 잘하느냐'보다 '어떤 환경에서 어떻게 일하는 사람이냐'를 기준으로 진로를 탐색하게 해준다. 이는 단순한 직업 추천을 넘어 자신만의 일하는 방식과 인생 방향을 설정하는 시작점이 된다. 하지만 여기서 깊게 유념해야 할 점도 있다. 디스크 유형별 직무 매칭은 '가능성 있는 연계성'일 뿐 절대적인 정답은 아니다. 현장에서 가장 뛰어난 성과를 내는 인재들이 항상 이 공식에 맞는 것도 아니다.

다양한 환경적, 경험적, 문화적 요소들이 복합적으로 작용하기 때문이다. 따라서 디스크는 '길을 정해 주는 도구'가 아니라 '생각의 출발점'으로 올바른 방향을 탐색할 수 있게 도와주는 나침반이라고 이해하는 것이 중요하다. 특히 대학생 시기에는 전공 선택, 비교과 활동, 인턴 경험 등 수많은 선택의 갈림길이 존재한다. 이때 디스크는 일관된 자기이해를 기반으로 '나다운 선택'과 '실패 없는 방향 설정'을 가능하게 해주는 가이드 역할을 한다.

■ **커리어 성장 전략**
- 강점을 핵심역량으로 전환하는 성장 시나리오

진로와 직무를 선택한 이후에는 '어떻게 커리어를 성장시켜야 할까?'라는 새로운 질문이 시작된다. 이때 디스크는 또 한 번 중요한 나침반이 된다. 커리어 성장의 핵심은 단순한 승진이나 직무 변경이 아니다. '어떤 강점을 나의 경쟁력으로 만들 것인가?', '어떤 영향력을 만들고 싶은가'에 대한 해답, 즉 자신의 행동 패턴과 강점을 기반으로 핵심역량을 정립하고 발전시키는 과정이다.

디스크는 그 강점이 어디에 있는지를 구체적으로 보여주고, 그 강점을 어떻게 전략적으로 활용하고 성장시킬지에 대한 실행지도를 제공하는 도구다. 유형별 커리어 성장의 전략수립 예를 단편적으로 살펴보면 다음과 같다.

✓ D형 – 성과 중심 리더십을 구축하는 전략가

D형은 리더십, 목표 추진력, 빠른 결단력, 위기 대응 능력, 전략적 사고 등의 역량에서 강점을 보인다. 이들은 성과 창출 중심의 프로젝트에 주도적으로 참여하며, KPI 기반의 업무 성과관리 방식을 체득하고, 변화가 잦은 환경에서도 흔들림 없이 실행력을 발휘하는 훈련을 통해 성장한다. 초기 커리어에서는 성과를 명확히 보여줄 수 있는 과업 중심의 포트폴리오를 구축하고, 중장기적으로는 변화 관리 능력과 조직 리더십 역량을 집중적으로 키워야 한다. 무엇보다 중요한 것은 강한 추진력과 결과 중심의 태도 속에서도 타인을 배려하는 소통의 균형을 함께 갖추는 것이다(강한 추진력의 이면에 도사리고 있는 과정의 오류도 철저히 배제해야 한다). 그래야만 결과만 강조하는 리더가 아닌, 신뢰받는 리더로 성장할 수 있다.

✓ I형 – 영향력과 에너지를 확산시키는 분위기 메이커

I형은 커뮤니케이션 능력, 감정 이입 능력, 창의적 표현력, 관계 구축력 등의 역량에서 두각을 드러낸다. 프레젠테이션, 교육, 콘텐츠 제작, 퍼실리테이션 등 표현 기반의 실전 경험을 지속적으로 쌓고, 공감 능력을 토대로 조직 내 관계 자산을 확장해 가는 과정이 중요하다. 이들은 사람과의 연결을 통해 동기를 얻고, 성장을 이끈다. 따라서 자신의 강점을 살려 영향력 있는 커뮤니케이터로서의 브랜드를 정립하고, 조직 내에서는 분위기 메이커이자 연결자의 역할을 적극적으로 수행하면 좋다. 다만 감정 표현의 풍부함 뒤에 감춰진 집중력과 업무 마무리의 완성도는 반드시 병행해 보완해야 신뢰 기반의 리더로 자리매김할 수 있다.

✓ S형 – 신뢰를 구축하는 실행형 중간관리자

S형은 성실한 실행력, 갈등 조율 능력, 지속 가능성, 협업 능력, 관계의 안정성과 같은 역량을 갖추고 있다. 프로세스 운영, 협업 기반 프로젝트의 리더십, 그리고 중재자 역할을 실습하면서 내부 관계를 안정시키고 업무의 완성도를 높이는 방향으로 성장해 나가야 한다. S유형은 조직 내에서 신뢰와 안정감을 주는 '기둥'과 같은 존재다. 커리어 초반에는 업무의 깊이와 정밀도를 바탕으로 운영 전문가로 자리 잡고, 이후에는 팀 내 갈등 중재자이자 조직문화의 조정자로서 리더십을 점차 확장해 갈 수 있다. 다만 지나친 조심성과 수용성으로 인해 기회를 놓치지 않도록, 변화에 유연하게 적응하고 자신의 의견을 명확히 표현하는 연습도 함께 병행되어야 한다. 그럴 때 비로소 수동적인 관리자에서 능동적인 리더로의 전환이 가능해진다.

✓ C형 – 정확성과 신뢰를 쌓는 전문가형 리더

C형은 분석력, 정확성, 체계적인 문제 해결 능력, 데이터 기반 의사결정 능력, 기준 관리 능력에서 탁월한 역량을 발휘한다. 통계와 분석, 품질관리, 시스템 구축 등 데이터 중심의 업무를 주도적으로 수행하고, 문서화 및 시스템화 능력을 꾸준히 강화하여 지식 자산으로 전환하는 과정을 통해 성장할 수 있다. C유형은 '깊이'로 승부하는 전문가다. 특정 분야에서 전문성을 쌓아 핵심 전문가로서의 입지를 확보하고, 문제 해결의 정확성과 효율성을 통해 신뢰받는 의사결정 파트너로 자리매김할 수 있다. 다만 완벽함을 추구하는 성향이 실행 속도나 팀워크에 방해가 되지 않도록, 실용적 사고와 협업 능력을 함께 개발해야 한다. 그럴 때 비로소 이들은 분석가를 넘어 실무형 리더로 성장할 수 있다. 이처럼 유형별 강점을 기반으로 커리어 전략을 수립하면, 성장은 외부 기준이 아닌 자기만의 속도와 방식으로 이루어질 수 있다. 이는 곧 '나만의 커리어 브랜드'를 구축하는 과정이며, 획일적인 커리어 성공이 아닌 지속 가능한 성장의 기획이다.

■ **유형별 커리어 성장 전략 수립의 핵심 요령**

✓ **현재 위치에서 발휘 중인 역량을 명확히 진단하라**
디스크는 단지 성향을 말해 주는 것이 아니라 현재의 행동 패턴을 기반으로 무엇이 장점이고, 무엇이 저해 요인인지를 객관적으로 알려준다.

✓ **강점을 과도하게 믿지 말고, 구조화된 성장을 설계하라**
D유형은 리더십이 강점이지만, 과도한 추진력은 조직 피로도를 높

일 수 있다. I유형은 표현력은 뛰어나지만, 성과 정리는 약할 수 있다.

✓ 5년 단위의 성장 시나리오를 수립하라
경력 3~5년 차부터는 단기성과보다 장기적인 브랜드 구축, 직무 영역 확장, 리더십 스타일 변화 등 다단계 커리어 설계가 필요하다.

✓ 상대방의 유형까지 고려한 전략을 실행하라
조직 내 리더로 성장하려면 나만의 성향이 아닌 동료와 후배의 유형을 이해하고 조율하는 힘이 필요하다.

특히 경력 3년 차 이상의 직장인이라면 지금까지의 성장 궤적을 돌아보고 앞으로의 5년, 10년의 커리어 시나리오를 설계할 시점이다. 이때 디스크는 현재의 행동유형을 기반으로 미래의 성장 곡선을 예측하고 조정할 수 있게 해준다. 또한 관리자로서 팀을 이끄는 위치에 올라선 경우, 디스크는 나뿐 아니라 동료와 부하직원의 유형까지 이해하는 전략적 리더십 도구가 된다. 관계형 리더십, 맞춤형 동기부여, 역할 배분, 성과관리 등 모든 리더십의 핵심 요소를 행동 기반으로 실현할 수 있게 된다.

결국 디스크는 '나는 누구인가?'에서 출발해 '나는 사회 속에서 어떻게 기여하고 성장할 수 있을까?'라는 더 큰 질문에 도달하게 한다. 이것이 바로 디스크가 진단 도구를 넘어 '자기 성장의 플랫폼'이자 '커리어 설계의 지도'로 기능하는 이유다.

갈등은 피할 수 없다, 그러나 이해를 선택할 수 있다

리더로서 조직을 이끌던 시절, 나는 나와 성향이 전혀 다른 한 구성원과 깊은 갈등을 겪은 적이 있다. 그는 매사에 성실한 사람이었지만, 나의 지시나 요청에 좀처럼 적극적인 반응을 보이지 않았다. 업무 피드백도 느렸고, 늘 한 발짝 뒤에서 머뭇거리는 태도는 리더였던 나에게 답답함과 불만을 안겨주었다. 나는 그가 내 기대치를 충족하지 못하고 있다고 판단했고, 우리의 갈등은 서서히 쌓여만 갔다.

그러던 어느 날, 예상치 못한 계기로 그의 속마음을 들을 기회가 생겼다. 공식적인 미팅이 아닌 비교적 편안한 자리에서 나눈 조용한 대화 속에서, 그는 자신의 진심을 털어놓았다. "더 열심히 하고 싶다"는 말은 단순한 변명이 아닌 진심이었고, 나에 대한 부담감과 표현에 대한 두려움이 늘 발목을 잡았다고 고백했다. 입을 열 타이밍을 놓치기도 하고, 말을 꺼내야 할 순간이 오기를 조용히 기다리다 기회를 잃기도 했다고 했다.

그의 이야기는 내게 큰 울림으로 다가왔다. 내가 그동안 '수동적'이라고 단정지었던 그의 모습 뒤에는, 오히려 팀에 적극적으로 기여하고자 하는 의지와 조심스러운 성찰이 담겨 있었던 것이다.

그날 나눈 깊은 대화 속에는 팀의 방향성과 성과 향상에 실질적인 도움이 될 만한 통찰이 가득 담겨 있었다. 나는 그 순간, 한 사람을 너무 쉽게 단정했던 나의 시선이 얼마나 제한적이었는지를 깨달았다.

그 이후, 그는 나와 완벽한 호흡을 맞추는 핵심 구성원이 되었고, 우리는 함께 팀의 목표를 뛰어넘어 더 높은 성과를 만들어냈다. 나는 그 경험을 통해 나의 리더십 태도를 되돌아보게 되었고, 겉으로 드러난 행동보다 구성원 각자의 속마음과 성향을 듣고 이해하는 것이 얼마나 중요한지를 몸소 체감하게 되었다.

그날 이후, 나는 나의 기대와 맞지 않는 업무 상황이 생길 때마다 상대방의 관점에서 상황을 바라보려 노력했고, 개인적인 대화를 먼저 시도했다. 대부분의 경우, 공식적인 자리에서는 들을 수 없었던 진솔한 이야기를 들을 수 있었고, 그 경험을 통해 리더로서 경청의 자세를 더욱 적극적으로 실천하게 되었다. 점차 이러한 나의 태도가 리더로서의 강점이라 여겨졌고, 스스로도 그것을 자랑스럽게 여겼다.

그러나 디스크 이론을 접한 이후, 나는 깨달았다. 내가 나만의 특별한 리더십 역량이라고 믿었던 그 행동은, 사실 디스크를 알고 있다면 누구나 실천할 수 있는 매우 단순하면서도 평범한 진리였다는 것을. 디스크를 통해 내가 얻은 가장 큰 통찰은 이것이었다.

갈등은 누군가의 잘못 때문이 아니라, 단지 나와 '다를 뿐'이라는 사실이다. 우리가 관계에서 겪는 많은 문제는 상대방의 행동을 나의 기준으로 해석하면서 생긴다. 그러나 디스크는 그 오해의 프레임을 바꾸어준다. '왜 저렇게 행동할까?'가 아니라, '그는 그런 성향을 가졌기 때문에 그렇게 행동하는 것이 자연스럽다'는 시각을 갖게 해준다.

결국 디스크는 내게 리더십의 본질이 '이끄는 것'이 아니라 '이해하고 연결하는 것'임을 가르쳐주었다. 그리고 그 통찰은 이후 나의 삶에 단단한 축이 되었다. 내가 현업 리더 시절 최고의 강점이라 여겼던 역량이, 알고 보니 디스크라는 이론 속에 담긴 단순한 원리였다는 사실에 한편으로는 놀랍고, 또 한편으로는 조급해졌다. 만약 내가 조금 더 일찍 디스크를 알았더라면, 조직 생활도 더 미래지향적으로 변화할 수 있었을 것이다

DISC를 통한 조직 내 갈등 해소의 지혜

한 사람의 인생에서 마주치는 사람은 평균 1만 명이 넘는다고 한다. 그중 어떤 사람은 스쳐 지나가는 인연으로 남고, 또 어떤 사람은 인생의 중요한 순간을 함께하는 동반자가 되기도 한다. 하지

만 조직이라는 공동체 안에서 만나는 관계는 이와는 조금 다르다. 이는 단지 선택의 결과라기보다, 나의 의지와는 무관하게 주어지는 관계이기 때문이다.

우리는 무의식적으로 나와 관계가 원만하길 기대하며, 이상적인 관계를 기준에 둔다. 예를 들어 신뢰할 수 있는 자상한 리더, 나의 의도를 잘 파악하고 열심히 따라오는 팀원, 내 상황을 헤아려주는 긍정적인 동료처럼 말이다. 하지만 이런 관계는 어디까지나 바람일 뿐, 현실에서는 오히려 이런 이상이 기준이 되어 여러 문제를 불러오기도 한다.

조직은 다양한 성향과 배경을 지닌 사람들이 함께 일하는 곳이다. 우리는 업무를 함께 수행해야 할 팀원, 피드백을 주고받아야 할 상사, 협업과 경쟁을 반복하는 타 부서 동료들과 끊임없이 관계를 맺는다. 이런 관계 안에서 나의 기준에 맞지 않는 상황이 발생하는 것은 어찌 보면 지극히 당연한 일이다. 애초에 서로 다른 사람들이 '같이' 일하는 것 자체가 부조화의 시작이고 도전이기 때문이다.

그러나 이런 부조화의 상황을 전제로 받아들이지 못하고 이상적인 관계만을 기준으로 정한다면, 자연스러운 갈등이 발생한다. 자연스러운 갈등이 점차 누적되면, 결국 사람 때문에 회사를 떠나는 이들이 생긴다. 업무 자체가 힘들어서가 아니라, 관계 속에서 에너지가 소진되어 이탈하는 것이다. 특히 요즘 세대는 갈등을 적극적으로 해결하기보다는 회피하거나 소극적으로 받아들이는 경향이 강해, 조직 내 인간관계에 대한 불안과 두려움을 안고 있는 경우도 많다. 이로 인해 사소한 충돌이 증폭되거나, 말 한마디에 퇴사를 결심하는 사례도 심심치 않게 발생한다. 정작 내가 속한 조직의 비전이나 조건보다 '관계에서 오는 피로감'으로 회사를 떠나는 것은 아이러니하다.

이러한 현실 속에서 디스크는 매우 실질적인 해법을 제시한다. 대부분의 갈등은 '상대를 잘 몰라서', 혹은 '나와 같을 것이라는 착각에서' 시작된다. 나의 기준과 방식이 정답이라고 믿는 순간, 상대방의 다른 방식은 불편하거나 무례하게 느껴진다. 하지만 디스크는 이러한 오해의 틀을 벗기고, 서로의 성향을 이해할 수 있는 객관적인 언어를 제공한다.

비슷한 사례를 다시 얘기하자면, 빠르게 결정을 내리고 결과 중심으로 움직이는 주도형(D, Dominance) 팀장은 신속한 피드백과 추진력을 기대한다. 반면, 안정감과 배려를 중요하게 여기는 안정형(S, Steadiness) 구성원은 충분한 설명과 감정적인 안정을 전제로 행동에 나선다. 이 두 사람이 같은 팀에 있을 경우, "왜 이렇게 반응이 느리지?"라고 느끼는 팀장과 "왜 저렇게 일방적으로 밀어붙이지?"

라고 생각하는 구성원 사이에 갈등이 생기는 것은 당연하다.

하지만 서로의 디스크 유형을 알고 있다면 상황은 달라진다. 팀장은 '안정형은 신뢰 형성이 우선이며, 급작스러운 압박보다는 관계 기반의 피드백이 효과적이다'라는 사실을 이해하고 말의 속도와 강도를 조절할 수 있다. 반대로 구성원도 '주도형은 감정보다 결과를 중시하고, 간결한 보고를 선호한다'는 성향을 이해하며 피드백 방식을 바꿀 수 있다. 단지 '성향의 차이'라는 관점을 갖게 되는 것만으로도 오해는 줄어들고, 협업은 훨씬 부드러워진다.

갈등은 인간관계에서 피할 수 없다. 그러나 갈등의 본질을 파악하고, 이를 바탕으로 대응 전략을 세울 수 있다면 갈등은 상처가 아닌 성장의 자산이 된다. 디스크는 바로 이 지점을 가능하게 해준다. 디스크는 감정의 표출이 아닌 행동패턴을 해석의 중심에 둔다. 단순히 "나는 감정적으로 예민해"가 아니라 "나는 관계에 민감한 성향을 타고났어"라는 식의 언어로 자신과 타인을 이해하는 기반을 마련해 주는 것이다.

이러한 접근은 갈등을 '옳고 그름'의 문제가 아니라, '어떤 성향이 충돌했는가'라는 관점으로 바꾸게 만든다. 조직 내 갈등은 완전히 사라질 수는 없지만, 디스크를 알고 나면 더 이상 '사람이 문제'가 되지 않는다. 갈등을 피하는 대신, 그것을 이해와 조율의 기회로 전환하는 지혜와 태도를 가질 수 있기 때문이다.

실제로 디스크를 도입한 팀과 조직에서는 회의 방식, 피드백 전달, 협업 구조에 눈에 띄는 변화가 일어난다. 팀장은 구성원의 성향에 맞춘 리더십을 발휘하고, 구성원은 팀장의 소통 스타일에 적응하며, 조직 전체에 상호 존중의 문화가 자리 잡는다.

갈등은 사라지지 않는다. 하지만 그 양상은 분명 달라질 수 있다. 디스크는 우리에게 이렇게 말해준다. "상대방을 바꾸려 하지 말고, 그 사람의 행동을 이해하는 데서 시작하라." 그것이 바로 사람과 사람이 함께 일하는 조직에서 가장 성숙한 대응 방식이다. 결국 디스크는 조직에서의 관계를 단순히 '견뎌야 할 것'이 아닌 '함께 성장할 수 있는 기회'로 바꾸는 도구다. 우리는 평생 수많은 사람을 만나게 된다. 그중에서도 '나와 다른 사람'과 어떻게 지낼 것인가를 배우는 순간, 조직 내 갈등은 더 이상 두려움의 대상이 아니다. 디스크는 그 배움의 시작점이 되어줄 수 있다

왜 디스크인가
– AI 시대가 다시 불러낸 100년 된 이론

지금 우리는 초연결과 초속도의 시대에 살아가고 있다. 디지털 기술과 AI의 발전은 우리의 업무 방식과 일상 전반을 완전히 뒤바꿔 놓았다. 데이터는 실시간으로 축적되고 분석되며, 우리는 터치

한 번으로 전 세계 누구와도 연결될 수 있다. 보고서와 메신저, 자동화된 시스템과 알고리즘은 인간의 판단을 대체할 만큼 정교해지고 있다.

그러나 아이러니하게도, 이처럼 모든 것이 빠르게 연결되고 자동화되는 세상 속에서 사람과 사람 사이의 진짜 연결, 즉 관계와 감정, 소통은 점점 더 단절되고 있다. AI가 정답을 제시하는 시대에, 오히려 우리는 서로의 마음을 오해하고, 불신하고, 피로해진다. 표면적인 메시지는 넘쳐나지만, 그 이면에 깔린 의도와 감정은 점점 더 읽기 어려워지고 있기 때문이다.

이제는 얼굴을 마주하지 않아도 회의가 가능하고, 문자 몇 줄로 업무를 마무리할 수 있는 시대다. 하지만 그 속에서 우리는 표현되지 않은 불안, 읽히지 않은 감정, 제대로 이해되지 않은 의도에 계속 부딪힌다. 화면 너머의 말은 맥락 없이 전달되고, 결과 중심의 일처리 문화는 사람의 감정이나 관계를 뒤로 미뤄둔다. 그 결과, '관계의 온기'는 점점 사라지고, '오해의 간극'은 더 커진다.

이처럼 소통의 절벽이 더욱더 자주 등장하는 시대에, 우리는 다시 본질적인 질문 앞에 서게 된다. "사람과 사람 사이에 점점 벌어지는 소통 부재의 현상, 그 갈등을 우리는 어떻게 해결할 수 있을까?" 바로 이 질문 앞에서 내가 제시하는 해답은 디스크이다. 많은 직장인이 업무 그 자체보다 더 큰 피로를 느끼는 이유는, 사실 일보다 '사람' 때문이다. 업무의 난이도보다 동료와의 마찰, 상사와의 긴장감, 조직문화 속의 소통 부족이 더 깊은 스트레스를 만든다. 그런데 놀랍게도 디스크를 제대로 알고 적용하면, 그 갈등은 우리가 짊어져야 할 감정의 짐이 아니라 풀어낼 수 있는 이해와 조율의 과제로 전환된다.

내가 감당해야 할 감정의 무게는 확연히 줄어든다. 단지 상대의 말투나 행동을 '불쾌하다', '이해할 수 없다'로 받아들이기보다, "아, 저 사람은 나와는 다른 성향을 가졌기 때문에 저렇게 표현하는 것이구나"라고 받아들이는 순간, 그 오해는 더 이상 상처가 되지 않는다. 문제의 본질 자체가 바뀌는 것이다. 관계의 피로는 줄고, 오히려 상대를 이해하는 데서부터 대화의 물꼬가 트이기 시작한다.

AI와 디지털 기술이 그 무엇보다 앞서 나가는 지금, 가장 절실하게 필요한 소통 도구는 역설적으로 '100년 전의 통찰'인 디스크 이론이라는 사실이다. 1920년대 윌리엄 마스턴이 제시한 디스크 이론은 지금도 여전히 아니 오히려 AI 시대에 더욱 절실한 소통 도구이기도 하다.

AI가 사람의 감정을 이해하지 못하는 지금, 그리고 앞으로도 완전하게 감정을 해석하지 못할 가능성이 높은 미래를 생각해 본다면 디스크는 사람을 위한, 사람에 의한, 사람 중심의 도구로서 그 가치가 더욱 빛난다. 즉, AI가 세상을 바꿀수록 디스크는 사람을 이해하고 연결하는 데 더욱 필요한 실천 언어가 된다. 그것은 우리가 잃어버린 관계의 온기를 되찾고, 오해를 이해로 바꾸며, 조직과 사회 속에서 함께 살아가는 법을 가르쳐주는 방향키와도 같다. 결국 디스크는 AI가 만들 수 없는 공감과 연결의 가치를 회복하는 인간 중심의 지혜이자 미래 사회의 관계 역량을 설계하는 도구인 것이다.

사실 디스크는 AI 시대뿐만 아니라, 이미 산업화 시기부터 절실하게 필요했던 소통의 도구였다. 효율과 생산성이 절대적인 가치로 여겨지던 그 시절에도 사람과 사람 사이의 이해와 관계 형성은 중요한 요소였지만, 그 필요성이 충분히 조명되지 못했다. 국내에서도 디스크는 한때 교육 현장이나 조직 내 커뮤니케이션 훈련에서 주목을 받았으나, 대부분 단기 프로그램으로만 소비되는 경우가 많았다. 심지어 디스크를 잘 안다고 말하는 사람들조차도, 이를 단순한 성격 유형 검사나 교육용 콘텐츠 정도로 인식하는 경우가 적지 않았다.

그렇다면 왜 디스크는 이렇게 오랫동안 잠재력에 비해 과소 평가되어 왔을까? 이는 한국 현실에 적합한, 신뢰할 수 있는 진단 도구의 부재와 디스크가 지닌 통찰력과 확장성에 대한 이해 부족이 주된 이유였다. 디스크의 진정한 가치를 발휘하기 위해서는 단순한 유형 설명을 넘어, 정밀한 분석과 해석이 가능한 신뢰 기반 데이터 시스템이 필요하다. 이러한 기반이 없다면 아무리 훌륭한 이론이라도 현장에서 활용되기 어렵고, 사람들의 신뢰를 얻기 힘들다. 결국 디스크가 지닌 무한한 활용성과 확장성에도 불구하고, 실제 조직이나 교육 현장에서 제대로 쓰이지 못했던 이유는, 이론을 뒷받침할 현실적인 시스템이나 인프라의 부재 때문이었다.

그러나 2022년, 이러한 한계를 극복할 수 있는 결정적인 전환점이 찾아왔다. 바로 국내 최초로 한국적 조직문화와 직무 환경을 반영해 개발된 K-DISC 시스템의 등장이다. K-DISC는 단순히 문항을 재구성한 검사지가 아니라, 행동유형과 실제 직무 성향 간의 적합성을 연결하는 새로운 기준을 제시했다. 이를 통해 디스크는 단순한 검사지를 넘어, 데이터 기반의 행동 분석 도구로 재탄생할 수 있는 기반을 확보했다.

이제는 변화가 아니라 진짜 혁신이 필요한 시점이다. 수많은 기업이 디지털 전환을 이야기하고, AI를 통해 업무 효율을 높이고자 하지만, 기술은 어디까지나 도구일 뿐이다. 결국 일을 하는 것은 사람이며, 조직의 지속 가능성을 결정짓는 것도 사람이다. 기술이 아무리 정교해져도, 사람을 이해하고 연결하는 능력이 없다면 조직은 무너진다.

성과 중심의 사회 구조는 갈수록 개인주의를 강화시키고, 관계의 깊이는 점점 얕아지고 있다. 그래서 지금 이 시대에 가장 필요한 역량은, 기술을 다루는 능력 이전에 사람을 이해하는 감각이다. 디스크는 바로 이 지점에서 명확한 답을 제시한다. 나는 100년 전에 탄생한 이 고전 이론이 오늘날 AI 시대에 가장 실질적인 해결책이라고 주장한다. 빠르게 변화하는 시대일수록, 본질의 힘은 더욱 강해진다. 디스크는 사람과 사람을 잇는 가장 본질적인 언어이며, 기술 중심 사회에서 잊혀가는 관계의 깊이를 회복하는 도구다. 그것이 바로 오늘날 디스크가 다시 주목받아야 하는 이유다. 그래서 우리는 다시, 이렇게 질문하게 된다.

"왜 디스크인가?"
그 질문에 대한 대답은 단순하면서도 명확하다.
"그것은 기술이 아닌 사람, 그 사람을 이해하는 데 있어 가장 강력한 언어이기 때문이다."

100년 전의 통찰,
AI 시대에 다시 주목받는 가장 인간적인 언어 DISC
모두 연결됐지만 정작 사람은 단절되고 있는 시대
빠른 변화 속에서 우리가 놓치지 않아야 할 본질은
'사람을 이해하는 힘'이다.

2장 왜 DISC인가

- 나의 DISC는 무엇인가 – 장점은 더욱 강하게, 단점은 리스크로 관리하자
- 직무환경 속 나의 DISC – 나의 성향을 다시 들여다보자
- 완벽하기보다 강점을 전략화하라

3장

힘을 빼자, 완벽하지 않아도 괜찮다

나의 DISC는 무엇인가
- 장점은 더욱 강하게, 단점은 리스크로 관리하자

리더로서 업무를 수행시 나의 삶은 늘 사람과 결과 사이에서 균형을 찾는 여정이었다. 나 역시 오랜 시간 조직을 이끌어오면서 다양한 피드백을 받았다. 특히 회사에서 정기적으로 실시하는 리더십 다면평가는 내 행동과 리더십 스타일에 대한 가장 현실적인 거울이었다. 그중에서도 유독 반복되던 코멘트가 있었다. 장점으로는 업무 추진력이 뛰어나다, 현장 경험이 풍부해 의사결정이 빠르다, 고객의 니즈를 정확히 짚어낸다는 내용이 자주 언급됐다. 모두 내가 자부심을 갖고 있는 영역이었다. 빠르게 판단하고, 실행하며, 상황을 장악하는 능력은 내가 현장에서 체득한 나만의 무기였다. 그러나 동시에 반복적으로 지적되던 단점도 있었다. 칭찬에 인색하다, 본인의 의견을 너무 강하게 주장한다. 리더로서의 추진력은 있지만 인간적인 따뜻함이나 소통의 부드러움에서는 부족함이 있다는 지적이었다.

초기에는 이러한 단점을 '극복해야 할 과제'로 받아들였다. 완벽한 리더가 되고 싶다는 욕심과 열망 때문이었다. 그래서 구성원들에게 의도적으로 칭찬을 건네는 계획을 세우고, 회의 시간 외에 개인적으로 의견을 듣는 시간을 따로 마련하기도 했다. 책에서 본 리더십 코칭이나 커뮤니케이션 스킬을 그대로 따라 하며, '좋은 리더의 모습'을 연기하려 애썼다. 하지만 결과는 기대와 달랐다. 그해의 다면평가에서도 여전히 같은 피드백이 나를 따라다녔다. 노력에 비해 변화는 미미했고, 나는 스스로 지쳐가고 있었다. 이쯤 되니 회의감이 들었다. 내가 문제인가? 아니면 애초에 나의 성향과 맞지 않는 방향으로 애쓰고 있었던 걸까?

모든 것에 지친 나는 자포자기하는 심정으로 내 단점을 '극복'해야 할 무언가가 아니라, '관리'해야 할 리스크로 바라보기 시작했다. 성향을 억지로 바꾸려는 시도는 비효율적일 뿐만 아니라 오히려 나의 장점까지 흐릿하게 할 수 있다는 걸 깨달은 것이다. 실제로 과하게 감정을 표현하려 애쓰던 시기의 나는 나답지 않았고, 구성원들도 나의 모습에 어색함을 느꼈다. 그래서 나는 방향을 바꾸기로 했다.
내 단점을 솔직하게 인정하고(이미 구성원은 알고 있었다.), 그것이 조직 내 리스크가 되지 않도록 의도적으로 관리하기로 했다. 예를 들어, 칭찬을 습관처럼 흘려보내기보다는 구성원들의 성과를 '사실 기반'으로 정리해 주간 회의에서 명확히 언급했고 정기적인 회의체에서도 의도적으로 언급하기 시작했다. 내 방식대로 진심이 담긴 언어로 전달한 것이다. 또한 의견을 강하게 주장하기보다는, 회의 전 구성원의 의견서를 먼저 검토하고, 내 생각을 정리한 후 피드백을 주는 형식으로 바꿨다. 그 결과 놀랍게도 불필요한 충돌은 줄고, 오히려 팀 내 소통의 밀도는 높아졌다.

더 나아가 나는 구성원들에게 나의 성향에 대해 솔직하게 알렸다. "내가 성과 중심으로 일하는 성향이 강해서 때론 표현이 부족할 수 있다. 하지만 여러분의 노력은 늘 존중하고 있다는 걸 기억해달라." 이 진심은 전달되었고, 팀원들의 반응은 예상보다 훨씬 따뜻했다. 오히려 그들은 "이전의 모습이 조금은 억지스러웠다"고 말했다. 결과적으로 이러한 경험은 내 리더십의 방향을 근본적으로 바꾸는 계기가 되었다. 그 이후로 나는 완벽한 리더가 되기보다는 '내가 가진 강점을 명확히 알고, 그것을 강화하면서 리스크를 효과적으로 관리하는 리더'가 되기로 결심했다.

그리고 이후에 나는 디스크 행동유형 이론을 접하게 되었다. 그리고 깨달았다. 내가 가지고 있던 성향 — 즉, 빠른 의사결정, 결과 중심 사고, 명확한 기준과 추진력 — 은 디스크의 주도형(D유형)

의 전형적인 특성이었다. 동시에 내가 어려워했던 칭찬의 표현, 감정적 교감, 다수의 의견에 대한 수용은 이 유형의 '자연스럽지 않은 행동'이라는 사실도 알게 되었다. 이제 나는 구성원들에게도 이렇게 말한다. "당신의 약점이 당신을 결정짓는 기준이 되어서는 안 됩니다. 오히려 그 약점이 리스크가 되지 않도록만 관리한다면, 당신의 강점은 훨씬 더 빛날 수 있습니다."

완벽함은 착각이다. 우리 모두는 고유한 성향을 지닌 존재이고, 그 성향 안에는 각자의 성장 전략이 숨어 있다. 디스크는 그 전략을 정확하게 설계하는 지도이며, 그리고 그 첫걸음은 '있는 그대로의 나를 정확하게 이해하는 것'이다. 디스크가 가지고 있는 평범하지만 놀라운 경험을 이제 함께 해보자.

직무환경 속 나의 DISC
― 나의 성향을 다시 들여다보자

심리 검사를 받아본 사람이라면 흔히 이런 질문을 받아본 경험이 있을 것이다. "당신은 어떤 유형입니까?" 그리고 우리는 대개 친구, 가족, 또는 일상에서의 나의 모습을 떠올리며 답을 하는 경우가 대부분일 것이다. 하지만 디스크에서 진짜 중요한 질문은 따로 있다. 바로 "직무 환경 속에서 나는 어떤 사람인가?" 하는 것이다. 가정에서의 '나'와 직장에서의 '나'는 종종 전혀 다를 수 있다.

친구들과 있을 때는 수다스럽고 적극적인 사람이 회의 시간에는 조용히 듣기만 하고, 집에서는 다정하고 배려 깊은 사람이 업무 상황에서는 냉철하게 판단을 내리는 경우도 많다. 그 이유는 무엇일까? 그것은 바로 '역할에 따른 행동의 변화' 때문이다. 우리는 직무라는 환경 속에서 자연스럽게 역할에 적합한 행동을 선택하게 된다. 이것은 의식적인 선택이기보다는, 무의식적인 적응의 결과다. 그래서 디스크 진단 역시 단순한 성향 분석을 넘어 '직무 환경 속 행동 패턴'을 중심으로 해석하는 것이 가장 현실적이고 유용하다. 이제 스스로에게 다음과 같은 질문을 던져보자.

- ✓ 내가 인지하고 있는 나의 강점은, 실제 직무 상황에서도 그대로 나타나는가?
- ✓ 어떤 행동을 할 때 나는 가장 자연스럽고 편안함을 느끼는가?
- ✓ 반대로, 어떤 상황에서 반복적으로 스트레스를 경험하고 있는가?

이 질문들에 대한 답을 찾는 과정에서, 디스크는 매우 실용적인 도구가 된다. 특히 조직 안에서 나의 행동을 냉정하게 바라보고, 강점은 강화하고 단점은 전략적으로 관리하는 방법을 안내해준다. 예를 들어,

- ✓ **D형(주도형)**은 빠른 결단과 강한 추진력을 강점으로 갖는다. 하지만 이 강점이 지나치게 발휘되면 독단적인 결정, 타인의 의견 무시, 감정적 배려 부족으로 나타날 수 있다.
- ✓ **I형(사교형)**은 활발한 커뮤니케이션과 창의적인 사고가 돋보인다.

반면, 집중력 저하, 계획 부족, 일관성 결여라는 리스크도 함께 따라온다.
- ✓ **S형(안정형)**은 협업과 신뢰의 기반 위에 강한 조직력을 발휘한다. 그러나 변화에 대한 저항, 의사결정 지연, 갈등 회피가 단점으로 드러날 수 있다.
- ✓ **C형(신중형)**은 분석력과 정확성이 탁월하다. 하지만 이들은 때때로 과도한 완벽주의, 융통성 부족, 실행 지연이라는 리스크를 안고 있기도 하다.

이처럼 '장점은 '더 강화해야 할 자산'이고, 단점은 '극복의 대상'이 아니라 '리스크로 관리해야 할 변수'다. 완벽을 추구하는 대신, 의식적인 관리 전략이 필요한 것이다. 특히 조직은 일방향이 아닌 양방향 구조다. 내가 누군가에게 상처를 받았다고 느낀다면, 나 역시 누군가에게는 그와 유사한 감정의 원인이 될 수 있다는 점을 잊지 말자. 성향은 다르지만, 우리는 모두 같은 목적을 향해 나아가는 동료라는 사실을 기억해야 한다. 디스크는 단순히 나를 이해하는 도구에 그치지 않는다. 그보다 더 중요한 것은 내 행동이 조직 안에서 어떤 파장을 만들고 있는지 되돌아보게 한다는 점이다.

완벽하기보다 강점을 전략화하라
― 성공한 모델을 무작정 따라하지 말자

완벽함은 언제나 매력적인 단어다. 흠잡을 데 없이 잘 해내는 사람, 어떤 상황에서도 흔들리지 않는 사람, 누구에게나 인정받는 사람. 이런 사람을 우리는 '완벽하다'고 말한다. 그래서일까? 많은 이가 완벽한 사람이 되기를 꿈꾼다. 실수하지 않고, 감정에 휘둘리지 않으며, 어떤 과제든 빠짐없이 처리하고, 타인의 기대에 부응하는 그런 존재 말이다.

하지만 진짜 삶의 현장, 특히 조직과 직무 환경 속에서는 이 '완벽함'이라는 이상이 때로는 성장의 발목을 붙잡기도 한다. 특히 디스크의 관점에서 보면, 모든 것을 잘해야 한다는 강박은 매우 비효율적인 전략이다. 왜일까? 디스크는 사람마다 고유한 성향, 고유한 강점과 약점을 지니고 있다는 사실에서 출발한다. 다시 말해, 누구나 완벽할 수 없다는 진실을 인정하는 데서부터 진짜 성장은 시작된다는 뜻이다.

중요한 것은 약점을 모두 없애는 것이 아니다. 그보다는 나에게 자연스러운 강점을 더 강하게 발휘하고, 약점은 위험 요인으로 인식하고 관리하는 전략이 필요하다. 이와 관련해 생각해 볼만 한 사회적 현상이 있다. 한때 입시 시장에서는 수능 만점자나 수석 합격자의 공부 방법이 화제가 되곤 했다. '수석의 책상 배열법', '공부 시간표 따라 하기', '노트 필기 방식 복사' 등 수많은 콘텐츠가 인기를 끌었다.

하지만 많은 사람이 그 '성공한 모델'을 그대로 따라 해도 자신에게는 전혀 맞지 않는 방식이었다는 사실을 체험으로 알게 됐다. 그 이유는 간단하다. 그들의 방법은 그 사람의 성향과 환경에 최적화된 결과물이었지, 모든 사람에게 통하는 정답이 아니었기 때문이다. 마찬가지로 조직에서의 성장 또한 '이상적인 인물상'을 그대로 따라가는 것으로 완성되지 않는다. 내가 가진 성향, 내가 경험해 온 맥락, 그리고 내가 놓여 있는 환경에 맞게 나만의 전략을 세우는 것이 훨씬 더 현명한 접근이다. 디스크는 바로 이 지점을 명확하게 짚어준다.

어떤 유형은 빠른 추진력이 뛰어나고, 어떤 유형은 공감과 안정에서 탁월함을 보인다. 어떤 유형은 창의력과 유쾌함으로 팀 분위기를 살리고, 어떤 유형은 철저한 분석과 세심함으로 품질을 높인다. 각 유형은 서로 다르기에 비교의 대상이 아니라, 협업의 자산이 된다. 그렇다면 우리에게 필요한 건 무엇일까?

1) 완벽해지기보다는 강점을 전략화하라

많은 사람들이 자신의 약점을 온전히 극복해야 진정한 성장을 이룰 수 있다고 믿는다. 실제로 기업의 리더십 교육이나 성과 개선 프로그램에서도 약점을 개선하는 데 집중하는 경우가 많다. 하지만 내가 경험한 수많은 현장 사례는 전혀 다른 방향을 제시한다. '모든 약점을 극복하려는 시도는 오히려 에너지를 분산시켜, 본인

의 강점조차 흐리게 만든다.'

그렇다. 약점을 바꾸려는 데 지나치게 몰두하다 보면 오히려 내가 가장 잘할 수 있는 영역마저 불분명해지는 것이다. 그래서 나는 이렇게 말하고 싶다. "완벽해지기보다 내 강점을 명확히 알고 그것을 전략화하는 것이 그리고 단점은 관리 차원에서의 접근이 중요하다"고.

'완벽함'은 언제나 멋진 단어처럼 보인다. 하지만 그 단어에는 우리가 모르게 빠져드는 함정이 있다. 완벽함은 종종 '남이 만든 기준'을 향해 끊임없이 자신을 끼워 맞추게 만든다. 반면, 성장은 '내가 가진 기준'을 세우는 데서 시작된다. 내 성향과 경험, 내 자연스러운 강점을 중심으로 말이다. 디스크는 바로 그 '자기이해'를 돕는 도구다. 디스크는 나를 완벽한 사람으로 만들기 위한 처방서가 아니다. 그보다는 '지금 있는 나'를 가장 잘 활용할 수 있게 해 주는 실용적인 전략의 지도이다.

예를 들어, 내가 분석적이고 신중한 성향(C형)이라면, 즉흥적인 아이디어 회의보다는 충분한 정보와 시간 안에서 기획하거나 정밀한 검토를 할 때 강점을 발휘할 수 있다. 이럴 경우, 기획 품질을 높이거나 리스크를 사전에 제거하는 역할에 집중하면 조직 내에서 신뢰받는 전문가로 자리매김할 수 있다. 다만 지나친 완벽주의나 결정 지연은 자기 조율과 협업으로 관리할 필요가 있다.

반면 내가 아이디어와 관계 중심의 성향(I형)이라면, 창의적 발상, 발표, 대외 협력, 네트워킹 등에서는 압도적인 에너지를 발휘하지만 반복적이거나 장기적인 실행에서는 집중력이 떨어질 수 있다. 이 경우엔 초기 아이디어 구상과 설득에 집중하고, 실행 단계에서는 체계적인 성향을 지닌 팀원과의 역할 분담을 통해 약점을 보완하는 방식이 유효하다. 핵심은 이것이다.

약점을 억지로 극복하려 하기보다, 조직의 리스크가 되지 않도록 관리하는 것. 그리고 동시에, 내가 잘할 수 있는 것을 더 잘하게 만드는 전략을 세우는 것. 이 말은 단순한 자기 합리화가 아니다. 오히려 가장 현실적이고 전략적인 자기 성장 방식이다. 강점은 이미 타고난 기질과 축적된 경험이 맞물려 만들어진 '자연스러운 무기'다. 약점은 쉽게 바뀌지 않는 성향의 한 단면일 수 있고, 이를 억지로 바꾸려는 시도는 종종 나다움을 해치는 결과로 이어진다. 그러니 이제는 이렇게 접근하자.

- ✔ 나의 강점을 더 명확히 정의하고
- ✔ 그것을 조직 내에서 어떤 방식으로 더 가치 있게 만들 수 있을지를 고민하며
- ✔ 약점은 부담이나 오해로 확산되지 않도록 관리하는 전략을 갖는 것

이것이야말로 진짜 자기 성장의 전략이다. 우리는 더 이상 누군가의 방식, 누군가의 정답을 그대로 따라 하기보다는 자신의 성

향과 경험에 기반한 성장의 시나리오를 그릴 수 있어야 한다. 모든 사람이 같은 능력을 가져야 할 필요는 없다. 오히려 서로의 다름이 협업의 자산이 되는 시대다. 디스크는 그 다름을 비교의 기준이 아닌 전략의 출발점으로 바꿔준다. 그리고 이 전략은 당신을 완벽하게 만들지는 못할지라도, 당신을 가장 강하고 자연스러운 모습으로 성장하게 할 것이다.

2) DISC 유형별 강점 강화 전략
- 나답게 성장하기 위한 첫걸음

사람은 누구나 더 나은 나로 성장하고 싶어 한다. 그러나 중요한 사실은, 모든 사람이 같은 방식으로 성장할 수는 없다는 점이다. 누군가는 속도와 결단으로 돌파하고, 누군가는 사람과 관계를 통해 의미를 찾는다. 어떤 이는 일상의 안정감 속에서 집중력을 발휘하고, 또 어떤 이는 정교한 분석과 기준으로 자신만의 전문성을 쌓아간다. 성장은 노력의 문제가 아니라, 방향의 문제다. 그리고 그 방향을 설정하는 데 있어 디스크는 강력한 나침반이 되어준다.

디스크의 4가지 행동유형(Dominance, Influence, Steadiness, Conscientiousness)은 각기 다른 동기, 가치, 반응 방식, 성향을 지니고 있다. 이 말은 곧, 각 유형은 자기만의 성장 전략을 설계해야 한다는 뜻이다. 디스크는 나의 성향을 수치화하거나 분류하는 것이 목적이 아니다. 나의 행동유형적 강점이 어떤 환경에서 더 빛날 수 있는지 그리고 어떤 상황에서는 소모되기 쉬운지를 알려주는 실천적 도구다.

■ **D형(주도형, Dominance)**

D형은 도전과 결과 중심의 전략가로서 빠른 판단과 추진력, 탁월한 실행력으로 주도권을 잡는 데 능하다. 결과 중심의 사고방식과 책임감 있는 결단은 그 자체로 강력한 무기다. 이들은 새로운 시장을 개척하거나, 목표가 뚜렷한 환경에서 비약적으로 성장한다.

강점 강화 전략으로는 첫째, D유형은 목표 지향성과 추진력이 뛰어나기 때문에, 자신의 역량이 가장 잘 드러나는 '성과 기반 과제'를 우선적으로 선택하는 것이 중요하다. 명확한 KPI와 성과 지표가 주어질 때, 이들은 가장 큰 동기부여를 느낀다. 둘째, 자율적 결정권이 주어지는 환경에서 책임감을 갖고 과업을 이끌 수 있도록 자기주도적 과제나 리더십 중심의 프로젝트에 참여하는 것이 효과적이다. 특히 빠른 실행과 결정이 요구되는 상황에서 자연스럽게 리더십을 발휘하게 된다. 셋째, 감정 표현이 부족하거나 타인의 의견을 간과하는 성향은 리더십의 리스크가 되기 쉬우므로, 의도적으로 '경청 시간'을 확보하고 구성원의 감정과 관점을 존중하는 언어 사용을 훈련해야 한다. 넷째, 성과 외에도 '사람을 성장시키는 리더'로서의 품격을 갖추기 위해, 정기적인 피드백과 인정의 언어를 연습하는 것이 D유형의 균형 잡힌 성장에 도움이 된다.

<mark>D형 성장 키워드: 도전, 결정, 영향력, 승부욕, 피드백 기반 리더십</mark>

■ I형(사교형, Influence)

I형은 관계와 창의력으로 움직이는 분위기 메이커로서 분위기를 주도하고, 사람 사이에서 에너지를 얻는다. 설득력 있는 화법과 매력적인 존재감, 빠른 적응력은 이들의 가장 큰 강점이다. 이들은 특히 '새로운 것', '재미있는 것', '창의적인 과제'에 몰입도가 높다.

강점 강화 전략으로는 첫째, 사람과의 상호작용 속에서 가장 큰 에너지를 얻기 때문에, 네트워킹, 브레인스토밍, 발표 등 사람 중심의 활동에 적극 참여하는 것이 강점 발휘에 적합하다. 둘째, 창의적인 아이디어를 실질적인 결과로 연결하기 위해서는 생각을 정리하고 시각화하는 훈련이 필요하다. 구두로 떠올린 아이디어를 도식화하거나 문서화하는 습관을 들이면 실행력의 기반이 생긴다. 셋째, 체계적인 실행이 약할 수 있으므로, 일정 관리 도구나 루틴 기반의 자기관리 시스템을 활용하여 말과 행동 사이의 간극을 줄이는 것이 중요하다. 넷째, 감정에 따라 집중력이 흔들릴 수 있으므로, 중요한 과업일수록 미리 계획을 세우고 '말한 것을 실행 목록으로 구체화하는 습관'을 들이는 것이 실천적 성장의 핵심이다.

I형 성장 키워드: 아이디어, 표현력, 연결, 긍정 에너지, 협업 루틴

■ **S형(안정형, Steadiness)**

S형은 신뢰와 성실함으로 팀을 지탱하는 조율자로서 팀워크의 중심축이자 조직문화의 버팀목 같은 존재다. 이들은 과묵하지만 성실하며, 따뜻하지만 책임감이 강하다. 변화보다 반복 속에서 완성도를 높이며, '사람 사이의 조율자'로 성장한다.

강점 강화 전략으로는 첫째, 꾸준한 루틴과 관계의 일관성을 중시하므로, 반복성과 지속성이 요구되는 장기 프로젝트나 협업 중심의 역할에서 안정적 역량을 발휘할 수 있다. 둘째, 주어진 역할에 충실한 만큼, 자신이 팀 내에서 맡고 있는 '중심축 역할'을 자각하고, 그 가치를 인식하는 것부터 시작해야 한다. 자신이 팀에 기여하는 무형의 자산이 무엇인지를 정리해 보면 자신감과 동기부여가 높아진다. 셋째, 변화나 갈등 상황에서 회피하려는 성향을 완화하기 위해, 작은 도전을 일상 속에 일부러 배치해 보는 훈련이 필요하다. 예를 들어 익숙하지 않은 업무를 10% 정도 할당해 보는 방식이 도움이 된다. 넷째, 의사 표현의 어려움을 개선하기 위해 '의견을 정리하고 전달하는 틀'을 만드는 것이 효과적이다. 구체적인 사례 중심의 피드백, 체크리스트 기반의 발표 연습 등은 의사결정과 표현에 자신감을 부여한다.

S형 성장 키워드: 지속성, 신뢰, 협업, 팀 중심 리더십, 점진적 변화

■ **C형(신중형, Conscientiousness)**

C형은 정밀한 분석과 품질로 신뢰를 얻는 기준 수립자로서 본질을 꿰뚫는 질문, 세부적인 오류를 발견하는 눈, 논리적이고 체계적인 구조화 능력에서 독보적인 능력을 보인다. '보이지 않는 완성도'와 '조직의 품질 기준'을 책임지는 유형이기도 하다.

강점 강화 전략으로는 첫째, C유형은 정확성과 논리 중심의 사고를 기반으로 문제 해결 능력이 뛰어나므로, 분석, 기획, 정책 수립 등의 영역에서 자신의 전문성을 강화하는 것이 중요하다. 둘째, 지나친 완벽주의로 실행이 늦어질 수 있기 때문에, '80% 기준'으로 먼저 행동에 옮기고 실행 후 수정하는 구조를 익히는 것이 실천력 향상에 효과적이다. 셋째, 비판적 사고와 세밀함이 타인에게 '융통성 부족'으로 비칠 수 있으므로, '완벽' 대신 '적절'이라는 판단 기준을 세우는 사고 훈련이 필요하다. 이는 타인과의 협업을 원활하게 만드는 기본적인 준비이기도 하다. 넷째, 자신의 기준과 논리를 외부와 공유할 수 있는 '명문화된 기준표'나 '가시적 프로세스'를 만들어 놓으면, 협업 시 오해를 줄이고 동료들과의 신뢰 기반을 다질 수 있다.

C형 성장 키워드: 기준, 논리, 품질, 분석, 기준의 융통성

이처럼 디스크 유형별 강점은 그 자체로 이미 성장의 자산이다. 중요한 것은 그 강점을 어떤 환경에서, 어떤 방식으로 전략화할 것인가이다.

- ✓ 강점은 '제대로 쓰기'만 해도 경쟁력이 되며
- ✓ 약점은 '없애야 할 결함'이 아니라 '관리해야 할 성향'이다.

우리는 더 이상 수능 수석의 학습법을 따라 한다고 해서 똑같은 성과를 낼 수 있는 시대에 살고 있지 않다. 이제는 '나답게 성장하는 전략'을 수립해야 할 때다. 디스크는 나에게 맞는 성장 방식을 찾는 실용적 도구다. 그리고 그것이 바로, 진짜 성장의 시작이다.

3) 완벽함보다 중요한 것
– 나만의 성장 전략

우리는 실수하지 않고, 인정받고, 부족한 점 없이 모든 상황에 완벽하게 대응하는 사람으로 살아가고 싶다. 하지만 삶이란 그렇게 정답지처럼 풀리는 문제가 아니다. 특히 조직이라는 예측 불가능한 세계에서는, '완벽함'보다는 '나답게 버티는 힘'이 훨씬 더 현실적인 생존 전략이 된다. 진짜 성장이라는 건, '있는 그대로의 나'를 제대로 들여다보는 데서 시작된다.

무리하게 바꾸려고 하기보다 지금 내 안에 이미 있는 장점은 더욱 선명하게 다듬고, 단점은 리스크로만 인식하며 조율하는 것. 이 단순한 인식의 전환이 삶의 방향에 영향을 줄 것이다. 디스크는 그런 전환을 돕는 실용적인 도구다.

진단 결과 그 자체가 중요한 것이 아니라, 그 결과를 바라보는 '나의 질문'이 중요하다. "나는 지금 어떤 상황에서 자꾸 힘이 빠질까?", "이 약점은 정말 바꿔야 할까, 아니면 조절만 해도 될까?", "내가 가장 잘할 수 있는 일은 무엇일까?", "그 강점을 더 잘 쓰기 위해 필요한 환경은 어떤 모습일까?" 이 질문들에 진지하게 답하는 순간, 우리는 더 이상 '누군가를 따라가는 성장'을 멈추고 '나만의 방식으로 커가는 길'을 걷기 시작한다.

누구나 자기만의 색깔이 있다. 그 색을 있는 힘껏 채우고 펼쳐 보는 것이야말로 불완전한 세상 속에서 나를 지키며 성장하는 가장 따뜻한 전략이 아닐까? 디스크는 그 여정의 첫 지점에서 당신에게 조용히 묻는다.

"당신은 정말, 당신답게 살고 있나요?"

4) 나의 강점 전략은?

다음은 K-DISC 진단검사에 첨부된 셀프 진단 및 액션 플랜이다. 본문의 내용을 기초로 나의 유형을 가늠해 보고 성장 전략의 일부를 작성해 보자.

[표8] 디스크유형 과 액션플랜 작성시트

셀프 진단 및 액션 플랜

나의 디스크 유형

나의 발견: 장점과 개선점 찾아보기

나의 장점

나의 개선점

목표 설정: 내가 되고 싶은 나의 모습

액션 플랜 : 목표 달성을 위한 구체적 계획 실행 설정

실행 계획 A

실행 계획 B

- 미래의 정답은 없다, 그러나 방향성은 있다
- '기본기'가 강한 사람이 경쟁력을 가진다
- AI 시대의 '핵심역량' 5가지 (PACE-C Competency Model)
    1) 문제해결·성과창출 역량(Performance)
    2) 변화 수용·혁신 역량(Adaptability)
    3) 관계·소통 역량(Communication)
    4) 조직기본기 역량(Execution)
    5) 고객응대·서비스 역량(Customer Value)
- DISC로 설계하는 핵심역량 육성 전략

DISC insight

Organizational Perspective

Relationship Perspective

Self

4장

나에게 맞는 퍼포먼스를 설계하라

미래의 정답은 없다, 그러나 방향성은 있다

한때 '성공 공식'이라는 말은 특정 직업이나 누군가의 삶의 궤적을 따라가는 것과 같은 의미로 통했다. 의사, 변호사, 공무원처럼 안정적이고 사회적으로 존경받는 직업이 '성공 공식'의 상징이 되었고, 유명인의 성공담이나 커리어 조언은 시대의 교훈처럼 소비되었다. 그러나 지금 우리는 이러한 '표준 성장 모델'에서 점점 멀어지고 있다. 이제는 모두가 같은 길을 걸을 수 없으며, 그럴 필요도 없는 시대다.

디지털 기술과 인공지능의 발전은 산업의 구조와 직무의 형태를 빠르게 바꾸고 있다. 그 영향은 단지 기술적인 차원을 넘어, 우리가 일하고 배우는 방식 자체를 근본적으로 흔들고 있다. 더 이상 "지금 무엇을 준비하고 있는가?"라는 질문만으로는 부족하다. 중요한 것은 "앞으로 그것이 얼마나 유효할 것인가?"라는 물음에 답할 수 있는 통찰력이다.

우리는 여전히 성실하게 업무 보고서를 다듬고, 데이터 분석을 익히며, 코딩 기술을 배우고 있지만, 이 중 얼마나 많은 것들이 몇 년 후에도 경쟁력을 유지할 수 있을지 확신하기 어렵다. 변화는 점점 더 빠르고 예측하기 어려워지고 있으며, 오늘의 준비가 내일의 필요와 일치한다는 보장은 이제 그리 믿을 만한 기준이 되지 않는다.

그렇다면 우리는 어떤 방식으로 미래를 준비해야 할까? 정답은 기술 그 자체가 아니라, 변화하는 환경 속에서 방향을 찾는 능력이다. 즉, 불확실한 미래를 유연하게 헤쳐 나갈 수 있는 내면의 힘과 전략적 사고가 핵심이 되는 시대다.

1) 더 이상 '표준 해답'은 없다
– 나만의 방식으로 성장하라

지금은 존재하지 않는 직업이 곧 생겨날 것이고, 현재 각광받는 기술 중 일부는 머지않아 사라질 것이다. 인공지능은 이미 인간의 많은 업무를 대신하고 있으며, 그 속도는 점점 더 빨라지고 있다.

따라서 우리는 AI와 경쟁하기보다는, AI가 대신할 수 없는 영역에서 우리의 고유한 역량을 발휘해야 한다. 그 시작점은 '자기 자신에 대한 깊은 이해'다. 나의 행동 방식, 성향, 강점과 스트레스 반응을 이해하고, 이를 바탕으로 나만의 성장 전략을 세우는 것. 이것이 바로 '전략적 성장 설계'의 시작작이다.

이제는 누군가가 걸어간 길을 그대로 답습하는 시대가 아니다. 디지털 시대의 진정한 퍼포먼스는 자신에게 맞는 성장 방식을 설계하고, 변화에 맞춰 그것을 유연하게 조정할 수 있는 사람에게서 비롯된다. 단순히 열심히 일하고 꾸준히 배우는 것만으로는 부족하다. 나에게 맞는 환경과 조건, 그리고 자연스럽게 퍼포먼스를 발휘할 수 있는 방식을 설계할 수 있어야 한다.

2) 기본 역량의 의미가 달라졌다

과거에는 '전문성'이 핵심역량과 경쟁력으로 통했다. 하나의 기술이나 분야를 깊이 있게 파고들면, 그 전문성이 평생을 지켜줄 수 있다고 믿었다. 하지만 이제 기술은 빠르게 진화하고, 산업은 하루가 다르게 변하고 있으며, 그에 따라 한 가지 능력만으로는 긴 호흡의 커리어를 이어가기 어려워졌다.

이제 가장 중요한 역량은 '변화에 빠르게 적응하는 힘', '새로운 것을 유연하게 수용하는 학습력', 그리고 '상황을 통합적으로 해석하고 판단하는 사고력'이다. 그리고 이 모든 능력의 출발점은 자기 이해다. 내가 누구인지, 어떻게 반응하는지, 어떤 환경에서 강점을 발휘하는지를 제대로 알고 있어야, 변화의 파도 앞에서도 흔들리지 않을 수 있다. 우리는 지금, 이런 질문을 스스로에게 던져야 한다.

- ✓ 나는 어떤 방식으로 성장할 때 가장 에너지가 살아나는가?
- ✓ 기술이 아닌 사람으로서, 나는 어떤 방식으로 의미를 만들어낼 수 있는가?

이 질문들은 단순히 능력의 문제가 아니다. 그것은 인간적인 감각과 내면의 힘, 즉 '기본기'에 대한 질문이다. AI 시대의 경쟁력은 예상과 달리 '고급 기술'이 아니라 오히려 인간만이 가질 수 있는 역량에서 나온다.

즉, 소통력, 자기 인식, 감정 지능, 관계 형성 능력, 공감과 조율, 자기관리 능력 같은 기본역량이 진짜 차이를 만든다. 기계는 아무리 정교해져도 누군가의 감정을 읽고, 팀 내 갈등을 조정하며, 타이밍을 맞춰 피드백을 주고받는 일에는 여전히 취약하다. 사람과 사람 사이의 맥락을 이해하고, 조직 내 관계를 다루는 능력은 AI가 결코 대체할 수 없는 인간만의 고유한 힘이다.

이러한 질문들에 대한 답을 디스크라는 프레임을 통해 함께 찾아가 보자. 성장의 속도보다 중요한 것은 방향이며, 다른 누군가의 성공 사례를 복사하는 것이 아니라 내 고유한 길을 설계하는 것이 진정한 전략이 되는 시대다.

'기본기'가 강한 사람이 경쟁력을 가진다

우리는 지금 '혼자 일하는 것이 더 이상 낯설지 않은 시대'를 살아가고 있다. 코로나 팬데믹을 거치며 재택근무는 일상의 한 방식이 되었고, 온라인 보고와 화상회의는 이제 더 이상 특별한 업무 방식이 아니다. 메신저를 통한 실시간 소통, AI 도구를 활용한 자동 보고서 작성, 클라우드 기반 협업 플랫폼의 보편화는 물리적인 공간의 제약을 뛰어넘어 우리의 일하는 방식을 근본적으로 바꾸어 놓았다. 이러한 변화는 분명 업무의 효율성과 유연성을 높여주었다. 하지만 그 이면에는 놓쳐서는 안 될 중요한 문제가 도사리고 있다.

바로 '기본기 결핍'이라는 새로운 위기이다. 대면조직 속에서 자연스럽게 익힐 수 있었던 대화의 맥락, 말의 온도, 회의 중의 침묵, 눈빛의 신호, 상사의 언급 속에 담긴 기대치처럼 '말로 설명되지 않는 소통의 감각'이 점차 사라지고 있기 때문이다. 디지털 도구는 빠르지만, 인간 사이의 감정과 분위기까지 번역해 주지 않는다.

그 결과, 이제는 역설적으로 '일은 잘하지만, 같이 일하기는 어려운 사람'이 늘고 있다. 과거에는 조직 생활을 하다 보면 자연스럽게 배울 수 있는 것들이 있었다. 선배의 조언, 회의실의 분위기, 팀장과의 비공식적 대화, 회식 자리에서의 한 마디는 모두 조직을 이해하는 '현장 교과서'였다. 그 속에서 신입사원은 말의 타이밍을 익히고, 보고의 형식을 배우고, 갈등을 피하지 않으면서도 부드럽게 조율하는 감각을 쌓을 수 있었다.

그러나 지금은 상황이 다르다. 비대면 환경이 일상이 되고, 실시간 메시지로 빠르게 의견을 주고받는 시대에는 그 감각을 체득할 기회가 줄어든다. 업무 능력은 탁월하지만, 협업에서 반복적으로 문제가 발생하는 이유도 여기에 있다. 즉, 이전 시대에는 전문 기술만으로도 충분했지만, 지금은 기술만으로는 팀 안에서 작동하지 않는다. AI가 일을 더 잘하는 시대에 인간은 무엇으로 경쟁력을 가져야 할까? 그 답은, 기술이 아닌 인간만이 가질 수 있는 감각, 바로 '기본기'에서 시작된다. 인간 고유의 능력, '기본역량'이 주목받는 이유는 무엇일까?

오늘날 '기본기'라는 단어는 단순히 예의나 태도의 문제가 아니다. 기본기란, 도구를 다루는 기술을 넘어서는 '내면의 역량'을 의미한다. 여기에는 소통 능력, 자율성, 문제 해결력, 감정 조절 능력, 공감력, 조율력, 실행력 등이 포함된다. 이런 역량들은 과거에는 굳이 교육하거나 연습하지 않아도 자연스럽게 조직 안에서 체득되었다. 선배와의 짧은 티타임, 회의 전 대기 시간의 대화, 회식 자리에서 나누는 인간적인 이야기들은 그 자체로 중요한 학습의 장이었다. 그 속에서 사람은 맥락을 읽는 감각을 기를 수 있었다.

하지만 지금은 다르다. 업무는 각자의 자리에서 처리되고, 대화는 메신저로 끝난다. 관계는 업무 단위로만 연결되고, 비공식적인 대화는 줄어들었다. 이로 인해 기본기 훈련이 자연스럽게 이뤄지지 않고, 기본기 없는 전문가가 점차 늘어나고 있다.

MZ세대의 조직 적응, 왜 더 어려운가?

특히 팬데믹 이후 사회에 진입한 MZ세대 신입사원들은 조직이라는 시스템을 감각적으로 익힐 기회를 거의 갖지 못한 채 입사했다. 그들에게는 '서로 눈을 마주치며 말하는 방식'조차 낯설 수 있다. 입사 6개월 차의 C 씨는 데이터 분석 능력이 탁월하다. 복잡한 수치를 빠르게 정리하고, 보고서도 깔끔하게 작성한다. AI 기반 자동화 도구도 능숙하게 다루며, 상사가 요구한 자료는 단시간 안에 완벽히 제출한다. 하지만 팀장과 동료들은 그를 이렇게 말한다.
"조금 피곤한 친구야."
그는 회의에서 자기주장을 반복하고, 피드백을 받으면 수용하기보다 방어적으로 반응한다. 협업보다는 혼자 일하는 것을 선호하고, 지적에 대해 개선보다는 정당화를 택한다.

그의 말처럼 "결과만 좋으면 되는 것 아닌가요?"라는 인식은, 조직이라는 생태계에 대한 감각이 결여되어 있음을 보여준다. 결국 그가 만든 보고서는 내용은 뛰어나지만, 팀 내 일정과 흐름을 고려하지 않아 프로젝트 전체를 다시 조정해야 했다. 기술적 완성도보다 중요한 것은 '맥락을 읽는 능력'과 '타인의 기대를 고려하는 협업력'이었다.

그래서 지금 왜 '기본 역량'인가?

첫째, AI가 하지 못하는 것을 인간은 해야 한다. AI는 방대한 정보를 분석하고, 정확하게 예측하고 판단하는 데는 탁월하지만, 조직 내 갈등을 조정하거나 구성원 간의 긴장감을 완화하는 데는 한계가 있다. 관계 속에서 발생하는 미묘한 뉘앙스를 읽고, 감정을 조율하며, 리더십을 발휘하는 것은 인간만의 고유한 능력이다.

둘째, 조직은 결국 '관계'로 움직인다. 개인의 역량이 아무리 뛰어나더라도, 소통이 단절된 인재는 팀에 해를 끼친다. 반대로 실력이 조금 부족하더라도 조율과 협업을 잘하는 사람은 팀 전체에 긍정적 에너지를 불어넣는다. 지금은 결과보다 과정에서 더 많은 정보와 감정이 오가고, 그 속에서 신뢰와 동료애가 형성된다.

셋째, 빠르게 변하는 시대일수록 결국 살아남는 사람은 '적응력'이 강한 사람이다. 기술은 끊임없이 바뀐다. 오늘 배운 것이 내일은 낡은 지식이 될 수 있다. 그러나 기본역량은 시간이 흘러도 쉽게 낡지 않는다. 상황을 파악하고, 유연하게 방향을 전환하며, 실패를 교훈으로 삼아 다시 움직일 수 있는 사람은 어떤 변화가 와도 끝까지 살아남는다.

디스크는 기본역량 설계의 출발점이다. 이 책에서 다루는 디스크는 단순히 '행동유형 테스트'가 아니다. 디스크는 자기 이해의 출발점이며, 인간 고유의 역량인 '기본기'를 설계할 수 있는 전략 도구다. 디스크를 통해 우리는 자신의 소통 방식, 협업 태도, 스트레스 반응, 갈등 시 대처 스타일을 이해하게 된다. 그리고 이 이해는 단순한 자기소개가 아니라, 실제 업무 현장에서 어떻게 일하고, 어떻게 연결되고, 어떻게 성장할 것인가를 설계할 수 있는 실질적 도구가 된다. 특히 예비직무자나 직무 입문자에게 디스크는 커리어의 나침반이자, 조직 생활의 전략지도가 되어줄 것이다. 기본기를 갖춘 사람, 스스로를 이해하고 다룰 줄 아는 사람만이 AI 시대에도 결코 대체되지 않는 유일하고 유능한 인재로 성장할 수 있다.

AI 시대의 '핵심역량' 5가지 (PACE-C Competency Model)

나는 대기업에서 22년간 리더로 근무하며 수많은 협업과 갈등,

다양한 성과와 실패를 경험해 왔다. 그 과정에서 조직을 움직이는 가장 근본적인 힘이 무엇인지에 대해 끊임없이 고민하게 되었다. 그리고 결국 한 가지 분명한 사실에 도달하게 되었다. 조직의 지속적인 성장은 단지 결과만으로 판단되지 않으며, 그 결과를 만들어내는 과정과 사람들 사이의 관계가 무엇보다 중요한 요소라는 점이다.

특히 지금처럼 AI와 디지털 기술이 급속히 확산되고, 인간의 많은 기능이 기술로 대체되는 시대에는, 기술 그 자체보다 오히려 인간만이 할 수 있는 고유한 역량, 즉 AI와 구별되는 본질적 능력이 무엇인지를 깊이 있게 고민하지 않을 수 없다. 과거에는 기능적 전문성이나 속도, 정확성 등이 경쟁력의 핵심이었다면, 이제는 기술이 대체하지 못하는 인간 고유의 영역이 무엇인지를 스스로 정의하고, 그 역량을 길러야 하는 시대가 도래한 것이다.

이러한 인식 속에서 저자는, 앞으로의 미래 사회에서 요구되는 핵심역량은 더 이상 기술력 중심이 아니라 기본기 중심으로 이동하고 있다고 확신하게 되었다. 그리고 그 기본기 가운데에서도 가장 중요한 출발점이자 우선적으로 갖추어야 할 역량으로 '소통 역량'으로 판단하게 되었다. HR 관점에서도 이제 역량 지표가 과거처럼 성과 중심의 정의에만 머무를 수 없으며, 사람과 사람 사이의 연결, 신뢰, 협업을 가능케 하는 기본기가 반드시 포함되어야 한다고 판단하였다. 그리하여 AI 시대를 살아가는 직무자에게 필요한 새로운 역량지표로서, 과거와 미래를 관통할 수 있는 핵심 기본역량으로 1) 문제해결·성과창출 역량(Performance) 2) 변화 수용·혁신 역량(Adaptability) 3) 관계·소통 역량(Communication) 4) 조직기본기 역량(Execution) 5) 고객응대·서비스 역량(Customer Value)을 새롭게 제시한다. AI 시대에 저자가 제시하는 PACE-C Competency Model이다.

1) 문제해결·성과창출 역량(Performance)

일의 본질은 '문제 해결'이다. 조직에서 부여되는 대부분의 과업은 문제를 인식하고, 분석하고, 해결하는 일련의 과정으로 구성된다. 이러한 일련의 흐름은 단순히 문제를 파악하는 수준에서 멈추지 않는다. 문제의 본질을 꿰뚫어 보고, 실질적인 개선 방안을 마련하고, 구체적인 실행을 통해 성과로 연결하는 일까지 포함해야만 진정한 '문제 해결 역량'이라 부를 수 있다.

이 역량은 과거에도 조직 내에서 중요한 평가 기준이었다. 보고서, 기획안, 회의 안건 등 대부분의 문서와 프로젝트는 문제 해결을 중심으로 구성되어 있었으며, 이를 어떻게 고민하고 해결해 나가는지가 성과를 가르는 기준이 되곤 했다. 그러나 지금은 그 본질은 유지되면서도, AI 시대라는 새로운 환경과의 연계성이라는 또 다른 요소가 더해지고 있다.

과거의 경험과 노하우는 여전히 유효하지만, 디지털 전환 이후에는 제도와 기술 환경의 변화가 문제 해결의 조건을 바꾸기도 한다. 단순히 이전 방식대로 해 왔던 경험만으로는 새로운 문제를 해결할 수 없는 경우도 많아지고 있다. AI 시스템이 도입되면서 없던 문제들이 새롭게 등장하기도 하며, 자동화가 되지 않는 업무나 의사결정에서 인간 고유의 판단이 요구되는 영역은 더욱 복합적이고 다층적인 문제가 발생한다.

이처럼 AI 기반 시스템과 사람이 공존하는 새로운 조직 환경에서는 과거에는 문제가 아니었던 것들이 새로운 문제로 떠오르고, 단순한 체크리스트로 해결되지 않는 일들이 늘고 있다. 따라서 문제 해결 역량도 더 이상 과거 방식에 머물러서는 안 되며, 기술 변화와의 접목 가능성, 디지털 역량과의 연계성까지 고려하는 사고방식이 요구된다.

이 과정에서 중요한 것은 '문제 해결 과정'이다. 단기적 성과나 임시방편적 접근은 언뜻 보기엔 유능해 보일 수 있지만, 시간이 지나면 '재공정(되풀이되는 오류와 수정)'을 낳고, 더 큰 리스크로 돌아오게 된다. 반면, 문제의 본질을 정확히 파악하고 사전에 발생 요소를 예측하고 설계하는 사람은 결과가 안정적일 뿐 아니라 조직의 신뢰를 얻게 된다.

즉, 문제 해결과 성과 창출의 핵심은 '과정 중심 사고'이다. 단순한 성과 중심의 접근은 본질을 놓치기 쉽고, 표면적인 문제만을 건드리기 마련이다. 그래서 조직은 '결과를 낸 사람'을 기억하면서도 동시에 '과정을 설계한 사람'을 높이 평가해야 한다. 문제의 실체를 깊이 들여다보고, 다양한 이해관계자의 의견을 조율하며, 조직 전체에 긍정적 영향을 미치는 실행을 설계할 수 있어야 한다.

또 하나 간과할 수 없는 것은, 현대의 문제는 단순하지 않다는 사실이다. AI 시대의 문제 대부분은 여러 요소가 얽히고설킨 복합적인 형태로 나타난다. 어느 하나의 기능이나 부서에서만 해결할 수 있는 문제가 아니라는 뜻이다. 이런 복잡한 문제일수록 해답은 '소통'과 '협업'에서 나온다. 즉, 타 부서와의 정보 공유, 사용자와의 피드백, 실무자들의 관점 통합 등 다각도의 소통이 문제 해결의 열쇠가 된다.

한 리더는 이렇게 말했다. "보고만 많은 팀보다, 작게라도 움직이는 팀이 더 믿음직스럽다." 문제를 인식했다면, 작게라도 실천해 보고, 그 결과를 바탕으로 피드백을 받아 다음 전략을 수정하는 '실행 사이클'이 있어야 조직은 실제로 움직인다. 문제 해결 역량은 그 자체로 조직을 움직이는 동력이며, 성과 창출의 본질이기도 하다. 이러한 문제 해결 및 성과 창출 역량은 다음과 같은 세부 요소로 구성된다.

✓ **업무 분석 및 개선 제안**
단순히 주어진 일을 처리하는 것이 아니라, 문제의 흐름을 파악하고 불필요한 과정을 식별하며 '왜 이렇게 하고 있는가'를 질문할 수 있어야 한다. 비효율을 줄이는 제안이 곧 실행력을 높이는 첫걸음이다.

✓ **과정 중심 실행력**
완벽한 계획보다 중요한 것은 실행의 타이밍이다. 기획이 아무리 훌륭해도 실행하지 않으면 아무 의미가 없다. 작게라도 움직이고, 시도하고, 그 안에서 오류를 발견하고 수정하는 실행 중심의 태도가 필요하다.

✓ **주도적인 문제 해결력**
문제가 발생했을 때 기다리기보다 먼저 움직이고 대안을 제시할 수 있는 능력이 중요하다. 리더가 지시하기 전에 스스로 문제를 정의하고 움직일 수 있는 자율성과 책임감이 핵심이다.

✓ **성과 관리 및 피드백 수용력**
단기 성과에 일희일비하기보다는, 장기적으로 무엇을 배우고 어떻게 개선할 수 있는지를 보는 관점이 필요하다. 특히 피드백을 부정적인 비판이 아닌, 나를 한 단계 성장시키는 자산으로 받아들이는 자세가 중요하다.

결국 문제 해결과 성과 창출 역량은 AI 시대에 더욱 강화되어야 할 핵심 기본 역량이다. 그 이유는 기술이 많은 것을 자동화하고 예측해 줄 수 있지만, '문제의 본질을 파악하고 전략적으로 해결하는 일'은 여전히 사람의 몫이기 때문이다. 그 사람은 단순히 결과를 내는 사람이 아니라, 과정을 설계하고 실행하며 조직의 지속 가능한 성장을 가능하게 하는 사람이다.

이제 우리는 단순한 문제 해결 능력을 넘어, 환경의 변화에 맞는 문제 정의와 미래형 실행 전략을 고민할 수 있는 통합형 역량을 길러야 한다. 그것이 바로 디지털 시대, 그리고 AI와 함께 살아가는 시대에 진정한 경쟁력이 되는 길이다.

2) 변화 수용·혁신 역량(Adaptability)

변화는 더 이상 조직 생활의 변수(variable)가 아니라 상수(constant)이다. 과거에는 몇 년 주기로 변화가 찾아왔다면 지금은 하루가 멀다 하고 새로운 기술, 방식, 정책이 등장한다. 이러한 변화의 속도는 마치 빛과도 같아서, 한발 늦으면 이미 뒤처진다. 이런 시대에 살아가는 우리는 매 순간 선택의 기로에 선다. 변화를 두려워하며 과거에 머물 것인가, 아니면 변화 속에서 기회를 포착하고 성장할 것인가?

디지털 시대의 변화 수용은 더 이상 단순한 '적응'의 문제가 아니다. 그것은 끊임없이 '학습'하고, 새롭게 등장하는 기술과 환경에 대해 깊이 이해하며, 기존의 익숙한 틀을 스스로 해체할 수 있는 유연성과 주도성을 요구한다. 예를 들어, 한 조직에서 오프라인 중심으로 운영되던 부서가 단기간 내 온라인 체제로 전환되었다고 가정하자. 기존의 오프라인에 악숙한 베테랑 직원들이 당황하는 사이, 신입 직원이 온라인 시스템을 능숙하게 다루며 팀의 중심 역할을 맡게 되었다. 단순한 기술 숙련도가 아니라 새로운 환경에 대한 '열린 태도'가 조직 내 역할을 바꾸어 놓을 수 있는 예상 상황이다.

변화 수용은 단지 새로운 기술을 받아들이는 것에 머물지 않는다. 새로운 기술의 적용으로 인해 기존 프로세스와의 충돌은 없는지, 시스템이 현장의 흐름과 조화를 이루는지, 잠재적인 리스크는 없는지를 심층적으로 통찰할 수 있는 능력이 함께 요구된다. 즉, 변화의 본질은 수용보다도 '판단'에 가깝다. 무엇이 필요하고, 무엇은 아직 이르며, 어떤 준비가 선행되어야 하는지를 균형 있게 바라볼 수 있어야 한다. 하지만 아무리 혁신적인 기술이라 해도, 현장의 정서나 업무 흐름과 어긋난다면 오히려 혼란을 초래할 수 있다. 변화 수용이 중요한 이유는 여기에 있다. 단순히 새로운 것을 받아들이는 것이 아니라, 그 변화가 야기할 수 있는 부작용과 문제점까지 예측하고 조정할 수 있어야 진정한 적응이 가능하다.

또한 AI 기반의 자동화, 빅데이터 활용, 클라우드 협업 환경 등 기술의 발전이 가져온 변화는 대부분 단순한 기술의 습득만으로 대응할 수 없다. AI 시대에는 복합적인 문제 해결 능력, 다양한 이해관계자와의 협업, 신속한 판단력, 유연한 사고가 모두 복합적으로 요구된다. 여기에 '균형 잡힌 통찰력'이 더해져야 진정한 혁신이 가능해진다.

여기에서 중요한 키워드는 '인사이트 기반의 변화 수용'이다. 단순히 새로운 것이기 때문에 무조건 수용하거나, 남들이 하니까 따라가는 방식은 오히려 조직의 혼란을 부추길 수 있다. 변화에 대한 적응은 깊이 있는 통찰력 위에 설계되어야 한다. 왜 이 변화가 필요한지, 어떤 영향을 줄 수 있는지, 그리고 나 자신은 어떻게 이 흐름을 내 것으로 만들 수 있는지를 이해해야 진정한 적응이라 할 수 있다. 변화 수용 및 혁신역량은 다음과 같은 4가지 세부 요소로 구성된다.

✓ **변화 수용 태도**
변화 그 자체를 두려워하지 않고, 그것을 성장과 기회의 계기로 인식할 수 있는 태도가 필요하다. 이는 단순히 긍정적 사고를 의미하는 것이 아니라, 불확실성과 혼란을 내재화하면서도 중심을 잃지 않는 안정된 마인드셋을 뜻한다.

✓ **새로운 시스템과 지식 학습 능력**
빠르게 변화하는 업무 환경 속에서 새로운 툴, 소프트웨어, 플랫폼을 빠르게 익히고 실무에 적용할 수 있는 학습 민첩성은 필수다. 더 이상 '모르는 것'은 변명이나 핑계가 될 수 없다. 배움에 대한 태도가 성과와 직결되는 시대다.

✓ **멀티태스킹 및 융합적 사고력**
변화는 기존의 전문성만으로는 대응하기 어렵게 만든다. 이제는 하나의 업무만이 아니라, 다양한 분야를 넘나들며 상황을 통합적으로 판단하고 실행할 수 있는 유연한 사고와 멀티태스킹 능력이 요구된다.

✓ **균형감 있는 통찰력**
새로운 기술이나 제도가 주는 기대에만 집중하지 않고, 그 변화가 가져올 수 있는 또 다른 문제, 기존 프로세스의 빈틈 등을 냉정하게 바라볼 수 있는 통찰력도 중요하다. 혁신은 단지 '빠르게 움직이는 것'이 아니라, '올바른 방향으로 나아가는 것'임을 잊지 말아야 한다.

조직이 원하는 인재는 모든 것을 이미 갖춘 인재가 아니라, 무엇이든 배울 준비가 되어 있는 사람이다. 변화는 선택이 아니라 생존의 조건이며, 그 변화에 어떻게 반응하는지가 곧 개인의 성장 곡선을 결정짓는다.

3) 관계·소통 역량(Communication)
– 디스크 관점에서 풀어내는 소통

AI 시대의 핵심역량 중 가장 우선순위로 정한 것은 다름 아닌 소통이다. 앞서 언급한 바와 같이, AI는 방대한 양의 정보를 빠르게 처리하고 정교하게 분석할 수 있는 도구지만, 인간의 의도, 감정, 관계의 맥락까지 온전히 읽어내지는 못한다. 따라서 소통은 여전히 사람만이 할 수 있는 역할이며, 그 중요성은 기술이 발달할수록 더 커지고 있다.

소통 역량은 단순히 말을 잘하거나 논리적으로 설득하는 기술에 그치지 않는다. 상대방의 감정을 읽고, 상황에 맞는 메시지를 해석하며, 서로 다른 사람들과의 관계 속에서 신뢰를 형성하고 협업을 유도해 내는 복합적인 능력이다. 이는 말의 기술이 아니라 관계의 기술이며, 인간다움에서 비롯되는 감각과 감성의 종합체라 할 수 있다.

현대의 직장인은 과거처럼 단독으로 일하는 전문가가 아니다. 모든 업무는 여러 이해관계자와의 협업을 전제로 하고 있으며, 그 과정은 갈수록 더 복잡해지고 있다. 다양한 배경과 경험, 사고방식을 지닌 사람들과 상호작용하며 일하는 시대, 이 시대에 소통이 원활하지 않으면, 아무리 업무 능력이 뛰어난 사람이라도 조직 안에서 '불편한 사람', '협업이 어려운 사람'으로 분류되기 쉽다. 반면, 업무 역량이 조금 부족하더라도 소통을 잘하는 사람은 신뢰받는 동료로 성장하게 된다. 그렇다면 이러한 소통 역량은 어떻게 키울 수 있을까? 사람마다 타고난 성향이 다르기 때문에, 효과적인 소통을 위해서는 자신의 소통 방식뿐 아니라, 상대의 소통 스타일까지 이해할 수 있는 역량이 필요하다. 이때 매우 효과적인 도구가 바로 디스크 행동유형 이론이다.

디스크는 사람의 행동을 4가지 유형(D, I, S, C)으로 구분하여, 각 유형이 어떤 방식으로 반응하고 소통하는지를 구체적으로 보여준다. 이처럼 각 유형은 서로 다른 언어를 사용하고 있으며, 이를 이해하지 못하면 오해와 갈등이 쉽게 발생할 수 있고, 팀 단위의 협업에서도 디스크는 탁월한 역할을 한다. I형(사교형)은 자유롭고 창의적인 아이디어를 쏟아내고, D형(주도형)은 그것을 목표 중심으로 구체화하며, S형(안정형)은 팀원 간 조율과 관계 유지를 맡고, C형(신중형)은 세부적인 검토와 오류 점검을 책임진다. 이처럼 각 유형이 고유한 강점을 발휘하며 유기적으로 연결될 때, 소통의 흐름은 자연스러워지고 팀 전체의 퍼포먼스는 극대화된다.

결국 소통 역량은 자기중심적인 표현에서 벗어나, 상대의 언어, 감정, 사고 맥락을 이해하고 나의 표현을 조율하는 능력이다. 이것은 단순한 커뮤니케이션 기술이 아니라, 조직 내 신뢰를 형성하고, 협업을 성공적으로 이끌며, 궁극적으로 리더십의 기반이 되는 실천적 지혜이다. 디스크는 이러한 소통 역량을 체계적으로 이해하고 실제 조직 내에서 적용할 수 있도록 도와주는 전략적 도구이며, 특히 코로나 팬데믹 시대를 경험한 예비직무자나 직무 입문자들에게는 더욱 유익하다. 나의 행동유형을 정확히 이해하고, 상대방의 성향에 따라 소통 전략을 세우며, 조직 내에서 신뢰받는 동료로 성장하기 위한 실질적인 가이드를 제공하기 때문이다.

궁극적으로 아무리 기술이 고도화되어도 인간 사이의 관계를 완전히 대체할 수는 없다. AI 시대에도 결국 조직을 움직이는 힘은 사람이고, 그 사람 사이의 연결을 가능하게 하는 것이 바로 소통이다. 그러므로 소통 역량은 AI 시대를 살아가는 모든 직장인에게 가장 중요한 기본이며, 리더십의 핵심 자산이다. 그리고 디스크는 이 소통 역량의 확보를 위한 가장 현실적이고 강력한 도구가 될 것이다.

4) 조직기본기 역량(Execution)
- AI 시대에 다시 떠오르는 아날로그 기본기

AI 시대라고 해서 업무의 기본이 사라지는 것은 아니다. 오히려 디지털 전환이 가속화될수록, 역설적으로 조직은 아날로그적 감각과 세심한 기본기를 갖춘 인재를 더 필요로 하고 있다. 특히 '조직기본기 역량'은 이제 단순한 매너가 아닌 조직 내에서 신뢰받는 직무자로 성장하기 위한 핵심 자산으로 떠오르고 있다.

과거에는 신입사원으로 입사하면 굳이 누가 가르치지 않아도 자연스럽게 익힐 수 있던 것들이 있었다. 전화 받는 예절, 상사에게 보고하는 방법, 회의 전 자료를 미리 준비하는 습관, 정해진 시간에 자리에 앉아 있는 습관, 개별업무의 마감 시간을 지키는 책임감 같은 것들이다. 이 모든 것은 일명 '관행'처럼 여겨졌고, 선배들의 말투와 행동을 관찰하면서 몸에 배듯 익히게 되었다.

그러나 지금은 상황이 완전히 달라졌다. 비대면 근무 환경과 MZ세대 중심의 새로운 조직문화는 이러한 관행의 자연스러운 전수를 어렵게 만들었다. 조직 구성원 간의 관계가 수평화되고, 개별성과 다양성이 강조되는 오늘날의 직장에서는 과거처럼 권위적으로 여겨지는 기본기를 강요할 수 없다. 바로 이 지점에서 오해가 발생한다. 일부는 이러한 기본기를 없어져야 할 '구시대의 잔재'로 받아들이기도 한다. 하지만 기본 직무 수행 역량은 없어져야 할 구시대의 관행과는 확실하게 구분된다. 결코 시대에 뒤떨어진 규율이 아니라, 결과적으로 나의 품격을 높이고, 조직 내에서 신뢰를 구축하는 가장 본질적인 기반이다.

예를 들어보자. 회사를 방문한 고객은 처음 만난 직원의 인상과 말투 한마디로 회사의 이미지를 결정한다. 고객과 처음 접점이 이루어지는 전화 응대도, 말 한마디가 회사 전체의 이미지를 좌우할 수 있다. 단순한 목소리 톤, 응대의 태도, 말끝의 어미 하나가 신뢰감을 형성하기도 하고, 반대로 불쾌감을 주기도 한다. 디지털 기술이 아무리 발전하더라도, 사람과 사람 사이의 인상과 신뢰는 결국 '기본기'에서 비롯된다.

조직기본기 역량은 과거에는 단어 그대로 조직 생활의 '기본'에 해당하는 내용으로 핵심역량에 포함될 수 없는 항목이지만 비대면 업무환경과 팬데믹을 지내온 지금은 중요한 핵심역량으로 포함한 점이 가장 큰 변화이다. 오늘날의 직무 환경에서는 더 이상 관성으로 일을 해서는 안 된다. 특히 업무 이해 및 처리 능력, 시간 및 우선순위 관리, 규정과 절차의 준수, 시스템과 도구의 정확한 활용 등은 조직 생활의 필수 요소다. 이 모든 항목은 결국 '준비된 태도'에서 시작된다. 아무리 디지털 툴에 능숙하더라도, 협업에 따른 업무 기한을 놓치거나 보고나 보고서의 기본기가 부족하다면, 그것은 '기본이 부족한 사람'으로 평가된다. 기본 직무 수행 역량이란 단순히 '일을 할 줄 아는 사람'을 넘어, '일을 맡기면 안심되는 사람'이 되는 것을 의미한다.

특히 MZ세대 구성원에게 이 기본기는 설득과 이해의 방식으로 접근해야 한다. 단순히 "이건 원래 이렇게 하는 거야"라고 말하면 납득하지 않는다. 대신 '왜 이 기본이 중요한지', '이것이 어떻게 나의 신뢰도와 평가에 영향을 미치는지', '결과적으로 어떤 차이를 만들어내는지'를 그들의 시선에서 설명하고 공감시켜야 한다. 기본기는 권위적으로 강요하는 것이 아니라, 성장을 위한 도구로 안내

되어야 한다. 그리고 권위주의의 잔재로 남아 있는 과거의 폐습은 과감히 청산해야 한다.

오늘날의 기본 직무 수행 역량은 단지 업무 처리의 능숙함을 넘어 관계의 품격을 결정하는 기준이 되고 있다. 작은 디테일이 나의 이미지를 만들고, 기본적인 태도가 협업의 문을 열어주는 시대다. 특히, 디지털 환경에서는 자율이라는 이름으로 방치되거나, 본질을 잃은 방식이 자칫 신뢰를 깎아 먹을 수 있다. 따라서 자율과 책임의 경계를 분명히 하면서, 기본에 충실한 사람이 결국 조직 내에서 오래 성장할 수 있다.

결국 우리는 다시 기본으로 돌아가야 한다. 회의 전 메모를 준비하는 습관, 정중한 인사, 고객의 말을 한 번 더 되묻는 배려, 정리된 문서 작성과 정확한 전달력. 이 모든 것들은 AI가 대체할 수 없는 인간 고유의 업무 품격이다. 기본기 없는 전문성은 쉽게 무너진다. 그러나 기본기가 탄탄한 사람은 어떤 상황에서도 다시 일어설 수 있다. 디지털 시대일수록, 진짜 차이를 만드는 것은 눈에 보이지 않는 '기본의 깊이'다.

조직기본기 역량은 과거에는 단어 그대로 조직 생활의 '기본'에 해당되는 내용으로 핵심역량에 포함될 수 없는 항목이지만 비대면 업무환경과 팬데믹을 지내온 지금은 중요한 핵심역량으로 포

디지털 시대일수록 진짜 차이를 만드는 것은
눈에 보이지 않는 '기본의 깊이'다.

기본기 없는 전문성은 쉽게 무너지고,
기본기가 탄탄한 사람은 어떤 상황에서도 다시 일어선다.

그리고 조직기본기는 권위주의적 관습과는 반드시 구별해야 한다.

함한 점이 가장 큰 변화다. 그리고 과거의 권위주의적 관습과는 반드시 구별되어야 한다.

5) 고객응대·서비스 역량(Customer Value)
- 고객의 마음을 읽는 능력

고객을 대하는 일은 단순히 '친절하게 응대하는 것' 이상의 의미를 갖는다. 고객 응대 및 서비스 역량은 '고객이 무엇을 원하고, 무엇을 기대하며, 무엇에 감동받는가'를 읽어내는 능력에서 출발한다. 특히 디지털 전환이 가속화된 시대에는 고객과의 물리적 거리가 멀어지는 반면, 고객의 기대와 요구는 오히려 더 다양해지고 섬세해지고 있다.

디지털 시대의 고객은 단일한 기준으로 만족하지 않는다. 각자의 경험, 기준, 감정에 따라 기대 수준이 다르며, 이에 따라 서비스의 품질 또한 단순한 매뉴얼로는 설명하거나 충족시킬 수 없는 것이 현실이다. 고객은 각자 '나에게 맞춘 경험'을 원하며, 그 순간에 진심으로 반응해 주는 사람을 기억하고 지지하게 된다. 다시 말해, 오늘날의 고객 응대는 단순한 전달 업무가 아니라, 고객 경험을 디자인하고 운영하는 퍼실리테이터 역할이 되어야 한다.

그렇기에 서비스 역량의 핵심은 '감정노동'의 수동적 접근을 넘어서야 한다. 고객의 입장에서 생각하고, 고객의 말 뒤에 숨겨진 감정과 니즈를 진심으로 이해하려는 태도야말로 가장 강력한 경쟁력이 된다. 디지털 기술이 아무리 정교해져도 고객의 불편을 '공감'하고 '상황을 예측'하며 '관계의 온도'를 맞추는 일은 결국 사람만이 할 수 있는 고유한 영역이다.

고객 응대의 주체 역시 변화하고 있다. 과거에는 회사라는 이름 아래 직원이 일방적으로 고객을 응대하는 구조였다면, 지금은 고객의 눈에는 '회사'보다 '직원 개인'이 먼저 보인다. 내가 전한 한마디 말, 내 표정과 태도가 바로 회사의 이미지로 인식되고, 그 평가는 온라인 리뷰나 SNS를 통해 실시간으로 확산된다. 즉, 고객 응대는 조직의 일이면서 동시에 '나의 브랜드'를 만드는 일이 되었다. 그만큼 한 사람 한 사람의 서비스 역량은 개인의 성장과 직결되는 핵심 요소가 되었다.

특히 MZ세대 직무 입문자들에게는 이 부분이 더욱 중요하다. 그들은 시스템과 기술에는 능숙하지만, 대면 소통이나 감정 공감의 방식에 익숙하지 않은 경우도 많다. 따라서 고객 응대의 중요성을 단순히 '회사 매뉴얼' 수준으로 접근하기보다는, '내 경쟁력을 높이는 기술'로 이해하고 접근해야 한다. 오늘 내가 응대한 고객이 나를 지지하는 열정 고객이 될 수도 있고, 향후 내가 속한 브랜드의 충성 고객이 되어줄 수도 있다. 그렇게 보면 고객은 단지 응대의 대상이 아니라 '나의 성장 파트너'이기도 하다.

이러한 고객 응대 및 서비스 역량은 다음과 같은 세부 요소들로 구성된다.

- ✓ **고객 경청 및 응대 스킬:** 고객의 말을 '듣는 것'에 그치지 않고 '이해하는 것'으로 접근해야 한다. 단어 속에 담긴 감정, 표정 뒤의 기대를 읽어내며, 상황에 맞는 언어와 태도를 선택하는 민감함이 요구된다.

- ✓ **친절한 태도 및 이미지 관리:** 고객 응대에서의 인상은 '첫 마디'로 결정되며, 지속적인 이미지의 일관성이 신뢰로 이어진다. 특히 반복되는 상황 속에서도 친절을 유지할 수 있는 감정 조절 능력은 필수적인 역량이다.

- ✓ **고객 만족 및 불만 처리 능력:** 고객의 문제 해결 자체보다 더 중요한 것은 그 과정에서 고객이 느끼는 '정서적 만족감'이다. 단순히 이슈를 해결하는 것을 넘어, 그 경험이 감동으로 전환될 수 있도록 설계하는 것이 진정한 고수의 영역이다.

실제 한 상담사의 사례처럼 어떤 문제인지 팩트를 확인하기에 앞서 "고객님의 불편을 충분히 이해합니다. 지금 바로 제가 도와드리겠습니다"라는 한마디의 말이 고객의 마음을 여는 마법 같은 열쇠가 될 수 있다. 문제 해결 이전에 감정을 먼저 수용하는 응대는 고객의 신뢰를 얻고, 나아가 조직 전체의 이미지와 브랜드 가치에 긍정적인 영향을 미친다.

결국 고객 응대 및 서비스 역량은 단순히 매뉴얼을 따라 행동하는 기술이 아니라 사람을 이해하고, 상황을 판단하고, 감정을 나누는 고차원적 '관계의 기술'이다. 그것은 AI가 대체할 수 없는 인간만의 정서적 감각이며, 고객과의 상호작용 속에서 나의 가치를 높이고 조직의 성장을 이끄는 강력한 촉매제가 된다. 디지털 시대일수록 결국 중요한 건 사람이다. 고객의 눈높이가 더욱 높아지고, 그 파급력이 커진 지금 '어떻게 응대할 것인가'는 더 이상 부차적인 문제가 아니다. 그것은 곧 '어떤 사람이 될 것인가'에 대한 본질적인 질문이며, 고객 응대 역량은 바로 그 해답을 쥐고 있는 중요한 열쇠다.

DISC로 설계하는 핵심역량 육성 전략

지금까지는 각 개인이 '잘하는 일'을 중심으로 커리어를 설계하던 시대였다면, 이제는 어떤 기본기를 갖추었는가가 더 중요해지고 있다. 특히 디지털 전환과 AI 기술의 발전은 업무 기술의 격차를 좁히는 반면, 인간만이 발휘할 수 있는 소통력, 책임감, 유연성, 문제해결력 등 '기초 직무역량'의 중요성을 더 부각시키고 있다. 하지만 이러한 역량은 누구에게나 똑같은 방식으로 작동하지 않는다. 사람마다 '행동유형(Behavioral Type)'이 다르기 때문이다. 같은 상황에서도 어떤 유형은 실행에 강점을 보이는 반면, 다른 유형은 분석이나 공감에 탁월한 능력을 발휘한다. 이 차이를 이해하지 않고 '좋은 구성원이 되어라'는 일률적 요구는, 오히려 개인의 성장을 저해하고 조직과의 부조화를 초래할 수 있다. 따라서 본 장에서는 디스크 행동 유형별 관점에서 5가지 핵심 직무역량을 재정의하고, 역량별로 강점 활용 전략과 보완 과제를 함께 제시하고자 한다.

1) 소통 역량

타인과 효과적으로 의사를 교환하고 신뢰 기반의 관계를 형성하며, 조직 내 협업과 문화 형성에 기여하는 능력, 소통 역량은 단순히 말을 잘하는 능력이 아니다. 상대와의 신뢰 기반의 관계 형성, 협업을 이끄는 태도, 그리고 조직문화에 긍정적으로 기여하는 방식까지 포함된다. 디스크 관점에서 보면, 소통의 방식은 다음과 같이 다르다.

D형(주도형)은 명확하고 단도직입적인 표현을 선호한다. 직설적인 어투와 빠른 결론 중심의 대화는 목표 지향적 성향의 표현이지만, 때로는 상대방에게 압박감이나 강압적으로 느껴질 수 있다. 특히 감정적인 공감이나 정서적 연결보다는 결과와 사실 중심의

언어를 사용하기에, 대화 상대가 관계 중심적일 경우 거리감을 느끼기 쉽다. 따라서 D형에게는 타인의 감정에 민감하게 반응하고, 경청의 시간을 확보하며, 대화 중 여유를 갖는 것이 소통 역량 향상에 큰 도움이 된다. 의식적으로 질문을 던지고, 상대의 이야기를 중간에 끊지 않도록 노력하는 습관이 필요하다.

I형(사교형)은 누구보다 유쾌하고 감정 표현이 풍부한 소통의 달인이다. 처음 만나는 사람과도 빠르게 친해질 수 있고, 회의나 소규모 팀 미팅에서 분위기를 살리는 데 탁월하다. 그러나 대화가 감정에 치우치거나 주제가 자주 분산되면 전달의 명확성이 떨어질 수 있다. 이 때문에 I형은 핵심 메시지를 구조화하여 전달하는 훈련이 필요하다. 또한 말로만이 아닌 실행 기반의 기록을 남기고, 약속을 이행하는 태도가 신뢰를 구축하는 데 매우 중요하다.

S형(안정형)은 공감 능력과 배려가 뛰어나며, 상대방의 감정을 섬세하게 읽고 반응하는 데 강점을 보인다. 그러나 상대의 입장을 지나치게 배려하다 보니 자신의 의견을 명확히 표현하지 못하거나, 갈등을 회피하려는 경향이 생기기도 한다. S형에게는 자신의 생각을 단호하고 분명하게 전달하는 용기, 그리고 불편한 상황을 회피하지 않고 조율하는 훈련이 필요하다. 특히 중요한 회의나 보고 시에는 핵심 내용을 정리하여 연습 후 전달하는 것도 좋은 방법

이다.

C형(신중형)은 말보다 생각이 앞서는 유형이다. 정확한 표현을 중요하게 여기며, 감정 표현은 절제하는 편이다. 분석적이고 신중한 말투는 신뢰를 주지만, 지나치게 사실에만 집중하면 인간미가 느껴지지 않는다는 인상을 줄 수 있다. C형은 감정적인 표현도 때로는 업무에 도움이 된다는 사실을 인식하고, 즉각적인 반응과 피드백의 타이밍을 놓치지 않도록 훈련해야 한다. 대화는 논리뿐 아니라 사람 사이의 연결이기도 하다는 점을 기억하는 것이 필요하다.

2) 조직기본기 역량

조직기본기란 회사 구성원으로서 갖추어야 할 근무 태도, 책임감, 규칙 준수, 비즈니스 예절 등 조직 생활 전반의 기초 역량을 의미한다. '기본기'는 단순한 태도 문제가 아니다. 이는 곧 조직 내 신뢰와 연결되는 기준선이며, 직무 수행의 '출발점'이다. 비즈니스 매너, 규정 준수, 책임감, 정시 출근, 전화 예절 등은 과거에는 별도의 교육 없이 자연스럽게 습득되었다. 하지만 비대면 커뮤니케이션과 수평적 문화의 확산 속에서, 이 기본기는 오히려 더욱 체계적으로 학습되어야 하는 '전략적 소양'이 되었다.

D형(주도형)은 목표 지향적이고 성과 중심의 태도를 보이며, 빠

르게 결과를 내는 데에 익숙하다. 이로 인해 때로는 조직의 규정이나 절차를 생략하거나 무시하는 경우가 생기기도 한다. '성과만 내면 되지'라는 인식 아래 일관된 보고 체계나 회의 프로세스를 생략하는 등의 오류가 생길 수 있다. D형에게는 조직의 시스템을 존중하고, 일의 결과뿐 아니라 과정의 정합성을 관리하는 훈련이 필요하다. 특히 문서화된 규정이나 매뉴얼을 확인하고 따르는 습관을 갖는 것이 중요하다.

I형(사교형)은 자유로운 분위기를 선호하고, 사람들과 잘 어울리는 성향으로 조직에 활력을 불어넣는다. 하지만 업무 절차나 규범에 대한 관심이 낮을 수 있고, 세부적인 규정이나 회사의 암묵적 룰을 간과할 가능성도 있다. 특히 지각, 회신 지연, 일관성 없는 업무 처리 등의 문제로 신뢰를 떨어뜨릴 수 있다. I형은 업무와 관련된 기본 매너, 시간 관리, 응답 속도 등에서 프로의식이 담긴 태도를 강화할 필요가 있다.

S형(안정형)은 조직문화에 잘 적응하고, 규정을 성실히 준수하는 편이다. 그러나 지나치게 수동적일 경우 변화나 새로운 방식에 대한 저항이 커질 수 있다. 또한 피드백을 받더라도 즉각적인 행동 변화로 이어지지 않을 때가 있다. S형은 작은 변화부터 수용하고, 일상적인 루틴에 창의적 요소를 가미하는 실천이 필요하다. 예를 들어, 반복 업무에서도 새로운 방식을 제안하는 태도가 조직 내 성

장을 이끌 수 있다.

C형(신중형)은 규칙과 절차에 매우 충실하고, 기본적인 조직 질서에 위배되는 일을 거의 하지 않는다. 하지만 때로는 이러한 완벽주의 성향이 업무 속도를 떨어뜨리거나 과도한 자기 검열로 이어질 수 있다. 조직에서는 '적정 수준의 유연함'도 중요하다. C형은 80%의 완성도에서 시작해 점진적으로 보완하는 실행 전략과 완벽을 추구하기보다는 적절한 시기에 실행을 도전해 보려는 사고 전환이 요구된다.

3) 고객 응대 및 서비스 역량

고객의 니즈와 감정을 정확히 이해하고, 친절하고 전문적인 태도로 응대하여 고객만족을 실현하는 능력, 이 역량은 단순히 고객을 '친절하게 대하는 것'을 넘어, 고객의 니즈를 파악하고, 기대를 넘어서는 응대 전략을 실행할 수 있는지를 포함한다. 디스크 유형에 따라 고객 응대의 강점과 보완점은 다음과 같다.

D형(주도형)은 문제 해결 중심으로 사고하는 유형이다. 고객의 불편 사항을 접하면 '무엇이 문제인지'를 신속하게 파악하고, 해결책을 곧바로 제시하려 한다. 이로 인해 빠르고 명쾌한 응대를 통해 만족을 주기도 하지만, 종종 고객의 감정 상태를 간과하는 경우

가 있다. D형에게는 '공감 먼저, 해결은 그다음'이라는 원칙이 중요하다. 문제 해결 능력은 분명 강점이지만, 고객 응대에서는 상대의 감정을 이해하고, 상황을 함께 바라보는 공감적 태도가 필요하다. 특히 클레임 응대나 반복 민원이 발생할 때는 감정을 받아주는 '정서적 쿠션' 역할이 중요하다.

I형(사교형)은 밝고 친근한 이미지로 고객과 금세 관계를 형성할 수 있는 강점을 지녔다. 친절한 미소와 긍정적인 언어는 고객 만족도를 높이는 데 큰 자산이 된다. 하지만 너무 감정에만 집중하거나 즉흥적으로 대응하면 오히려 정확성과 일관성이 떨어져 신뢰를 잃을 수 있다. I형은 감정을 전달하는 능력에 더해 '신뢰를 주는 정보 제공'과 '정확한 사후 조치'에 집중해야 한다. 말로는 "잘 처리해 드릴게요"라고 했지만, 기록이 없거나 후속 조치가 미비하면 오히려 불만을 유발할 수 있다.

S형(안정형)은 고객의 불편함에 진심으로 공감하고, 차분하고 일관된 응대 태도를 보이는 유형이다. 고객이 마음을 터놓기 좋은 스타일로, 장기 고객관리나 반복 방문이 있는 업종에서 높은 만족도를 이끌 수 있다. 그러나 S형은 갑작스러운 민원이나 예상치 못한 분노 표현에 당황하거나 대응이 느릴 수 있다. 비상 대응 매뉴얼 학습, 상황별 시뮬레이션 경험, 결정권한 위임 시의 대응 방식 훈련 등이 보완점이다. 감정 조율은 잘하지만, 때로는 강단 있는

판단이 필요하다는 점을 인식할 필요가 있다.

C형(신중형)은 논리적이고 체계적인 설명에 강점을 보인다. 제품이나 서비스에 대한 정확한 정보를 신뢰감 있게 전달하며, 꼼꼼한 처리와 확인은 고객에게 깊은 인상을 남길 수 있다. 다만, 고객의 감정이나 급박한 요청에 즉각 반응하는 데 어려움을 겪기도 한다. 지나치게 설명이 길거나 메뉴얼만 고집하면 '로봇 같다'는 인상을 줄 수 있다. C형은 고객의 긴급성과 감정적 반응을 감안해 융통성을 발휘하는 실전적 훈련이 중요하다. 간결한 응대 스크립트나 사례 중심의 커뮤니케이션 연습이 도움이 된다.

4) 문제 해결 및 성과 창출 역량

업무상 문제를 스스로 인식하고, 분석 및 창의적 대안을 바탕으로 실행력 있게 해결하여 성과를 창출하는 능력, 직무 수행 중 발생하는 문제를 인식하고, 이를 창의적이고 실행력 있게 해결할 수 있는 능력은 현대 직장인에게 필수다. 여기서 중요한 건 단순한 '해결력'이 아니라 성과로 연결되는 마무리 능력이다.

D형(주도형)은 문제를 빠르게 인식하고, 단호하게 해결책을 제시하는 추진력이 뛰어나다. 이들은 주도적으로 실행하고, 결과에 책임지는 경향이 있어 리더십과 성과 지향적 과제에 매우 강하

다. 하지만 종종 팀원들과의 협의 없이 독단적으로 결정을 내리거나, 속도에 집중한 나머지 품질이나 과정의 정합성을 놓치는 경우가 있다. D형은 다른 의견을 경청하고, 다양한 시각에서 문제를 바라보는 시야 확장 훈련이 필요하다. 또한 단기 성과 중심에서 지속 가능한 성과로의 전환이 중요한 성장 포인트다.

I형(사교형)은 창의적인 아이디어를 내는 데 능하고, 도전적인 시도를 즐긴다. 이들은 문제를 흥미롭게 해석하고, 기존과 다른 방식으로 접근하는 유연성을 가진다. 그러나 실행 단계에서 체계성과 꾸준함이 떨어지는 경향이 있다. I형에게 필요한 것은 아이디어의 현실화 과정에서의 체크포인트 설정, 그리고 진행 상황을 수치화하거나 문서화하는 습관이다. 주변 동료나 상사의 도움을 받아 진행을 트래킹하거나 실행력 강화 도구(예: 캘린더, 미션보드 등)를 활용하는 것도 효과적이다.

S형(안정형)은 문제 상황에서도 흔들리지 않는 태도로 일관성을 유지하며, 철저하게 준비한 계획대로 진행하는 것을 선호한다. 반복적인 문제 해결이나 안정적인 품질 유지에 적합하다. 그러나 급변하는 상황이나 창의성이 필요한 순간에는 주저하거나 실행이 늦어지는 경우가 있다. S형은 '작은 변화 시도'를 습관화하고, 실험적인 과제를 스스로 해 보는 방식으로 성장할 수 있다. 또한 다양한 문제 해결 사례를 학습하고, 위험 감수에 대한 심리적 저항을

낮추는 훈련도 효과적이다.

C형(신중형)은 철저한 분석과 고도의 문제 인식 능력을 바탕으로, 오류 없는 해결책을 도출하는 데 탁월하다. 보고서나 기획서를 작성할 때, 완성도 높은 결과물을 내며 조직 내에서 '신뢰의 상징'이 되는 경우가 많다. 그러나 분석에 시간이 많이 걸리거나, 실행 자체를 미루는 경향도 있다. 완벽을 추구하는 경향이 실행의 속도와 민첩성을 해치는 경우, 일정 관리와 의사결정의 속도감 확보가 핵심이다. 또한 상황에 따라 빠른 판단도 성과의 일부라는 인식 전환이 필요하다.

5) 변화 수용 및 혁신역량

변화하는 환경, 조직, 시스템에 유연하게 적응하고, 혁신적인 시도를 통해 새로운 가치를 창출하는 능력, 이 역량은 디지털 전환 시대의 필수 항목이다. 변화 자체를 받아들이고, 거기서 새로운 가치를 만들어내는 능력이 없으면, 과거의 경험은 오히려 걸림돌이 될 수 있다.

D형(주도형)은 변화에 대한 거부감이 거의 없다. 오히려 변화를 주도하거나 새로운 방식으로 돌파구를 찾는 것을 즐긴다. 이들은 변화의 시작점에서 강한 드라이브를 걸 수 있고, 리더십을 발휘하

기에 적합하다. 하지만 조직 내 구성원의 변화 수용 속도를 고려하지 않으면, 내부 저항을 부를 수 있다. D형은 주도성은 유지하되, 주변을 설득하고 공감시키는 리더십을 연습해야 한다. 특히 급격한 변화 속에서도 '사람'을 잊지 않는 전략이 조직 내 혁신을 지속 가능하게 만든다.

I형(사교형)은 새롭고 흥미로운 것에 대한 수용력이 매우 높으며, 변화 자체에 대한 거부감이 거의 없다. 창의적 시도나 도전적인 프로젝트에서 긍정적인 분위기를 주도할 수 있다. 하지만 지속적인 실행과 일관된 결과 창출에는 약점을 보인다. I형은 변화에 대한 초반의 에너지를 지속적으로 유지하기 위한 자기관리 전략이 필요하다. 또한 변화에 대해 주도적으로 '왜 해야 하는가'를 설명할 수 있는 논리적 커뮤니케이션 능력 강화도 함께 요구된다.

S형(안정형)은 구조화된 시스템과 예측 가능한 환경을 선호하며, 갑작스러운 변화에는 심리적 불안을 느끼는 경우가 많다. 새로운 시스템 도입이나 업무 방식의 전환 시, 혼란을 피하기 위해 구체적인 변화 안내, 시뮬레이션, 단계별 학습 방식이 필요하다. S형은 변화 수용 능력을 키우기 위해 '작은 실험'부터 시작하고, 스스로 긍정적인 경험을 축적해 가는 방식이 적합하다. 익숙하지 않은 것에 대한 두려움을 극복하는 과정 자체가 곧 성장이다.

C형(신중형)은 변화 자체보다, 변화의 '이유'와 '구조'에 더 많은 관심을 갖는다. 그래서 변화에 앞서 철저한 분석과 준비 과정을 요구하며, 아무리 좋은 변화라도 타당성과 논리를 갖추지 못하면 수용을 주저한다. C형은 빠르게 변화하는 현실을 100% 예측할 수 없다는 점을 인정하고, 일정 수준 이상의 불확실성도 수용하는 유연성 훈련이 필요하다. 동시에, 변화에 대한 검토와 의문은 건설적인 피드백으로 전환되도록 노력해야 한다.

6) 나를 성장시키는 전략, 역량 확보에서 출발하라

커리어 성장은 단순히 이력서에 채울 수 있는 스펙이나 새로운 기술을 익히는 것으로 완성되지 않는다. 진정한 성장은 자신의 현재를 있는 그대로 바라보고, 그 안에서 가능성과 한계를 설계하는 시점에서 출발한다. 나는 지금 어떤 강점을 가지고 있는가? 나의 부족한 점은 무엇인가? 상사, 동료, 고객의 기대에 나는 어떻게 부응하고 있는가? 이러한 물음에 솔직하게 답할 수 있을 때, 우리는 비로소 변화의 문을 열고 성장을 향한 여정을 시작할 수 있다.

이 책에서 제시하는 '5대 공통 직무역량'은 AI 시대를 살아가는 우리 모두가 기본적으로 갖추어야 할 실천적 기준의 예시이다. 이는 단순한 업무 기술이나 직무 지식이 아니라, 사람과 협업하고,

문제를 해결하며, 변화에 적응해 나가는 실질적인 능력에 관한 것이다. 직무의 종류를 막론하고, 이 5가지 역량은 일터에서의 나를 돌아보고, 앞으로의 커리어 전략을 설계할 수 있는 강력한 기준점이 된다.

그렇다면 이 5가지 역량을 바탕으로, 우리는 어떻게 성장 전략을 구체화해 나갈 수 있을까? 무엇보다 중요한 첫걸음은 나 자신을 '객관적인 시선'으로 바라보는 일이다. 우리는 때로 자신을 과소평가하거나 과대평가하는 실수를 한다. 자기 진단은 자칫 감정적이 되기 쉬우며, 타인의 피드백은 종종 불편하게 다가온다. 하지만 진짜 성장은 바로 이 불편함을 마주하고, 그것을 수용하며, 자신의 성장을 설계하는 용기에서 비롯된다.

이를 위한 가장 실용적인 방법은 '자기 평가'와 '타인의 평가'를 함께 비교해 보는 것이다. 나의 소통 방식, 문제 해결 능력, 변화 수용 태도, 책임감, 협업 자세 등 다양한 항목에 대해 내가 내리는 평가와, 상사나 동료, 고객이 바라보는 평가 사이에 차이가 있다면, 그 간극을 정확히 인식하는 것이 중요하다. 그 차이는 나의 보완점이자 성장의 기회가 될 수 있다.

물론 이 책에서 제시하는 5대 직무역량이 절대적인 정답은 아니다. 오히려 독자가 이 기준을 출발점으로 삼아, 자신만의 언어로 역량을 재정의해 보는 과정을 적극 권장한다. 예를 들어 '소통 역량' 안에서도 나는 '디지털 커뮤니케이션'을 중요하게 여길 수 있고, '문제 해결 역량' 안에서도 '위기 대응력'이라는 키워드를 스스로 정의할 수 있다. 중요한 것은 내 일과 삶에서 실제로 작동하는 나만의 커리어 언어를 찾는 일이다. 그리고 그 언어로 나의 역량 프레임을 재구성해 가는 과정 자체가, 곧 커리어 설계의 본질이다.

한편, 이 책과 연계되어 추진 중인 별도의 자기주도형 교육 플랫폼 프로젝트에서는 5대 역량에 기반한 실천 과제들이 순차적으로 제공될 예정이다. 각 과제는 단순 이론이 아닌 실습형 자가 진단과 성장 포인트 기록, 유형별 피드백, 퍼포먼스 점검 도구 등으로 구성된다. 독자 여러분이 실제 일터에서 바로 활용할 수 있는 구체적 실천 도구로서의 역할을 할 것이며, 학습과 성장을 연결하는 훌륭한 징검다리가 되어줄 것이다.

이렇게 자기를 돌아보는 작업과 동시에, 우리는 역으로 생각해 볼 필요가 있다. 지금 내가 속한 조직은 나에게 어떤 역량을 가장 강하게 요구하고 있는가? 조직이 강조하는 키워드는 무엇인가? 그것이 '책임감'일 수도 있고, '빠른 실행력'이나 '창의적 사고', '유연한 적응력'일 수도 있다. 그리고 그 조직의 기대와 나의 현재 역량 사이에는 어떤 간극이 존재하는가? 그 차이는 단순한 기술의 부족인가 아니면 태도나 가치관의 차이에서 비롯된 것인가?

 이러한 물음은 단지 '나는 부족하다'는 자기비판으로 끝나지 않는다. 오히려 '나는 앞으로 어떤 방향으로 성장해 가야 하는가?'라는 매우 명확한 가이드를 제공한다. 성장이란 완벽함을 추구하는 것이 아니라, 나와 조직, 나와 동료 사이의 차이를 인식하고, 그것을 메워가는 과정이다. 그 과정 안에서 우리는 더 나은 동료가 되고, 더 신뢰받는 직무자가 되어간다.

 무엇보다 기억해야 할 사실은 커리어 성장은 결코 혼자의 힘으로 완성되지 않는다는 점이다. 일을 혼자 할 수 있을지언정, 성장과 변화는 반드시 사람을 통해서 이뤄진다. 내가 벽에 부딪혔을 때, 조언을 건네는 동료가 있고, 도전을 응원하는 선배가 있다. 협업이란 단순한 업무 협조가 아니라 서로의 역량을 북돋우며 함께 전진하는 '공동의 성장'이다.

 우리는 때때로 타인에게서 스트레스를 받는다. 동시에, 누군가도 나로 인해 피로함을 느끼고 있을 수 있다. 이런 양방향적 관점을 통해, 커리어 성장 또한 더 현실적이고 입체적으로 이해할 수 있게 된다. 결국 이 책이 제안하는 전략적 성장 설계는, '나만의 커리어를 내가 책임 있게 설계해 가는 여정'이며, 동시에 '사람과 함께 성장하는 길'이기도 하다. 이 여정을 통해 독자 여러분이 각자의 자리에서 더 단단한 전문가로, 더 성숙한 동료로 성장해 가길 진심으로 바란다.

- 인사이트 소멸의 시대
    - 1) 과정의 상실, 그리고 인사이트의 소멸
    - 2) 위기를 자초하는 기업 – 사소한 실수가 치명적인 이유
    - 3) 기업은 인재를 구하지 못하고, 인재는 성장하지 못한다
- DISC 관점의 장착 – 행동유형을 넘어 사고의 렌즈로
    - 1) DISC 관점의 적용 – 고객의 구매도 다르게 본다
    - 2) DISC를 판매 전략으로 확장하면 어떤 점이 달라질까
    - 3) DISC는 '사람'만 보는 도구가 아니다
- DISC 인사이트 – 인사이트 부재 시대를 돌파하는 새로운 사고(思考)의 틀
- DISC 인사이트의 시사점
    - 1) 찐 통찰이 필요한 시대
    - 2) 조직과 사회를 바라보는 새로운 언어
    - 3) 관계를 설계하고, 행동을 유도하는 프레임

5장

DISC 인싸이트

인사이트 소멸의 시대

언제부터인가, 우리는 질문을 던지기보다는 정답을 빠르게 찾아내는 데 익숙해졌다. AI가 일상화되면서 정보는 더 이상 귀한 자원이 아니다. 손끝 하나로 백과사전급의 데이터를 검색하고, 누군가 요약해 놓은 해설을 보고, 분석된 결과를 단번에 받아들이는 시대다. 정보의 민주화는 분명히 우리의 삶을 편리하게 했지만, 그 과정에서 어느덧 중요한 무언가가 사라졌다. 바로 '인사이트(insight)'다.

1) 과정의 상실, 그리고 인사이트의 소멸

한때는 도서관에서 책을 뒤적이며 과제를 준비하는 것이 일상이었다. 어떤 책을 골라야 내가 원하는 내용을 찾을 수 있을지, 어떤 자료를 참고할지 스스로 판단해야 했고, 원문을 정독하며 밑줄을 긋고 메모하는 일이 과제의 시작이었다. 이 과정은 단순히 정보를 모으는 행위가 아니었다. 주어진 주제에 대해 나만의 해석을 만들고, 내 언어로 설명해 보는 경험이 바로 '사고력'이며 '통찰력'이었다.

하지만 지금은 검색 몇 번이면 요약된 정보가 주어진다. 문서 요약, 논문 분석, 차트 해석은 모두 AI가 대신해 준다. 인간은 이제 결과를 해석하기보다, 그 결과를 복사해 쓰는 데 집중하게 되었다. 그 결과는 뻔하다. 누구나 비슷한 정보를 갖고, 비슷한 문장으로 보고서를 작성하며, 입사지원서에는 판박이 같은 문장이 넘쳐난다. "소통을 중시하며, 창의적 사고를 기반으로 문제를 해결하는 인재입니다"라는 말이 더 이상 '창의적'이지 않은 이유다.

결과 중심의 사회는 효율을 추구하는 데 있어 성공했을지 모르지만, 사람을 성장시키는 데는 실패했다. 인사이트는 결과가 아닌 '과정'에서 만들어지는 것이기 때문이다. 사고의 여백, 시행착오, 자기주도적 탐색의 순간이 빠진 채 제공된 정보는 결국 표면만 닮은 껍데기의 지식일 뿐, 깊이를 담고 있지 않다.

2) 위기를 자초하는 기업
– 사소한 실수가 치명적인 이유

기업 현장은 지금 그 어느 때보다 치열하다. 살아남기 위해 디지털 전환을 추진하고, 자동화와 시스템 고도화를 통해 효율을 끌어올린다. 그러나 아이러니하게도, 기업들이 직면하는 위기는 시스템의 오류보다 '사람의 실수'에서 비롯된다. 그것도 아주 사소한 실수다.

예를 들어, 신규 입사자가 고객의 문의 전화를 받고 적절한 응대를 하지 못하는 상황을 보자. "죄송합니다. 잘 모르겠습니다."라는 말만 반복하는 이 직원은 어쩌면 회사가 미처 가르쳐주지 못한 '전화 예절'을 배우지 못했기 때문일 수도 있다. 한때는 당연하게 배우던 기본기들이 사라졌다. 후배들이 선배에게 어깨너머로 배우고 가르치던 문화는 실종되었고, 온라인 매뉴얼이 교육의 전부가 되어버렸다.

문제는 이러한 기본 역량의 상실이 단지 개인의 부족함에 그치지 않는다는 것이다. 고객은 점점 더 높은 눈높이를 가지고 있다. 작은 말실수, 사소한 응대 미흡이 기업 전체에 대한 신뢰 하락으로 이어질 수 있는 시대다. 고객 경험의 품질은 '디자인된 메뉴'가 아닌 '직원 한 명 한 명의 실천'에서 결정된다. 인사이트 없는 조직, 기본기 없는 구성원은 이처럼 작은 리스크 하나에도 무방

비가 된다.

입사 면접의 현장에서도 변화는 뚜렷하다. 똑같은 스펙, 유사한 자격증, 비슷한 문장으로 구성된 자기소개서, 누가 누군지 구분할 수 없을 정도로 획일화된 지원자의 모습은 오히려 면접관에게 혼란을 준다. 그들이 본인의 이야기를 하고 있는지, AI가 써준 문장을 옮겨 적은 것인지 판단조차 어렵다.

과거에는 말의 유창함보다 경험에서 나온 진정성이 통했다. 그러나 지금은 다듬어진 결과만이 부각된다. 자율성과 주도성이 강조되지만, 정작 '문제 발생 시 어떻게 대처했는가'에 대한 질문에는 명쾌한 답을 내놓지 못한다. 그것은 경험의 부족이 아니라, 인사이트의 부재에서 비롯된다. 직접 부딪치고 시행착오를 겪는 과정을 생략한 이들이 문제 상황을 해결할 수 없는 것은 어찌 보면 당연하다.

3) 기업은 인재를 구하지 못하고, 인재는 성장하지 못한다

이처럼 개인은 인사이트를 잃었고, 기업은 기본기를 잃었다. 그리고 그 중간 지점에서 '적합한 인재'를 구하기 위한 기업의 고심은 깊어만 간다. 기술은 놀랍게 진화하는데, 정작 사람은 그 속도를 따라가지 못한다. 누군가 "지금의 AI는 입사 3개월 차 인턴 수준"이라고 했지만, 그 말은 "3개월 차 인턴도 이제 경쟁력 있는 사람이 아니다"라는 역설이기도 하다.

　기업이 진정으로 원하는 것은 스펙이나 학력이 아니다. 예측 불가한 상황에서 판단하고 실행할 수 있는 사람, 작은 문제도 주인의식으로 다룰 수 있는 사람이다. 그리고 이러한 사람은 오직 '과정'을 통해 길러진다. 문제를 끝까지 물고 늘어지고, 관계에서 갈등을 조정하며, 시행착오 속에서 자신만의 방식으로 성장해온 사람. 이들이 진짜 인사이트를 가진 사람이다.

　우리는 과거로 돌아갈 수 없다. 디지털이 아닌 아날로그로 시간을 되돌릴 수도 없다. 그렇다면 방법은 하나다. 디지털 시대에 걸맞은 방식으로 다시 '과정'을 복원해야 한다. 그리고 그 중심에는 사람을 이해하는 언어, 곧 디스크가 있다. 디스크는 단순한 성격 유형 검사가 아니다. 자신과 타인의 행동 패턴을 이해하고, 갈등을 예방하며, 조직 내 다양한 커뮤니케이션 방식에 통찰을 제공하는 도구다. 결과만 보는 시대에 '왜 그런 행동을 하는가'를 질문하게 하고, 빠르게 판단하기보다 관계와 상황을 맥락으로 읽게 만든다.

　디스크가 아무리 강력한 소통의 도구라도 소멸되는 인사이트를 회복시키는 대안이라는 저자의 의견에 쉽사리 동의하기 어려울 것이다. 하지만 디스크를 단순한 인간의 행동유형에 국한하지 않고 디스크 개념을 확장시킨다면 새로운 솔루션으로서의 방향과 가능성이 보일 것이다.

DISC 관점의 장착
- 행동유형을 넘어 사고의 렌즈로

디스크는 오랜 시간 동안 사람을 이해하기 위한 유용한 도구로 사용되어 왔다. 다양한 조직과 교육 현장, 그리고 코칭과 리더십 개발의 분야에서 디스크는 커뮤니케이션 개선과 갈등 해결, 팀워크 향상에 실질적인 도움을 주는 실천적 도구로 자리 잡아왔다. 많은 사람들은 디스크를 단순히 행동유형 검사, 혹은 사람과의 갈등을 조율하기 위한 대화법 정도로 인식하곤 한다. 그러나 저자가 주목하는 디스크는 그보다 훨씬 더 깊고 넓은 의미를 지닌다. 단순한 검사가 아닌, '사고의 방식' 자체를 바꾸는 렌즈로서 디스크를 바라보는 것이다. 이것이 바로 이 장에서 다루고자 하는 '디스크 관점의 장착'이다.

디스크의 진짜 힘과 가치는 그저 "나는 D형이다", "그는 S형이다"와 같은 유형 분류에 머무르지 않는다. 의미 있는 디스크의 확장 가능성은 그것을 하나의 '관점'으로 삼을 때 비로소 발현된다. 나는 이 개념을 '디스크적(的) 관점', 또는 디스크 렌즈(Lens)라고 표현한다. 이는 단순히 사람을 바라보는 도구를 넘어 세상을 인식하고 사고하는 하나의 틀을 고민해 보자는 의미다.

그렇다면 디스크를 '관점'으로 삼는다는 것은 구체적으로 어떤 의미를 갖는가? 여기서 핵심은 유형이 가진 고유한 '속성(사물의 특징이나 성질, properties)'을 이해하고, 그 속성을 기반으로 세상을 바라보는 틀을 확립하는 것이다. 많은 사람들은 디스크를 통해 D형은 주도적이다, I형은 낙천적이다, S형은 온화하고 안정적이다, C형은 신중하고 분석적이다 라고 설명하며 사람을 이해한다. 하지만 이러한 설명은 여전히 '분류적 사고'에 머물러 있으며, 디스크를 진정한 관점으로 활용하는 단계에는 도달하지 못한 것이다.

각 유형이 세상을 어떻게 인식하고 해석하는지 이를 명확히 하기 위해 유형을 대표하는 핵심 키워드를 다음과 같이 정리했다.

- ✓ **D형(주도형):** 빠름, 목표지향, 통제
- ✓ **I형(사교형):** 낙관, 감성, 관계
- ✓ **S형(안정형):** 신뢰, 일관성, 협력
- ✓ **C형(신중형):** 분석, 정확, 기준

이 단어들은 단순한 성격 설명이 아니라, 각 유형에 따른 속성의 표현이고 문제를 해석하는 방식을 보여주는 렌즈다. 예를 들어, 변화라는 주제를 바라볼 때 D형은 '속도와 돌파구'를 중심으로 생각하고, I형은 '새로움과 흥미'를 중심에 둔다. 반면 S형은 '안정성의 손실'을 먼저 인식하고, C형은 '논리적 타당성과 구조'를 우선적으로 고려한다.

이처럼 각 유형의 속성은 단순한 특징을 넘어, 세상을 바라보는 사고의 패턴으로 작동한다. 바로 이 지점에서 디스크는 강력한 '틀(framework)'로 변모한다. 단지 '나의 유형'이나 '너의 성향'을 아는 것을 넘어서, 지금 이 상황을 D형(주도형) 관점으로 바라보면 어떤 의미가 될까? S형(안정형) 관점에서는 무엇을 놓치고 있을까? 이런 질문을 던질 수 있을 때, 디스크는 진단 도구가 아닌 사고의 틀, 전략의 방향, 문제 해결의 솔루션이 될 수 있다.

1) DISC 관점의 적용
– 고객의 구매도 다르게 본다

고객의 구매 행위는 단순히 '필요한 물건을 산다'는 수준에 머물지 않는다. 오늘날 고객은 제품을 접할 때, 자신의 가치관과 판단 기준, 그리고 독특한 해석의 틀을 동원해 정보를 수집하고 결정을 내린다. 바로 이 지점에서 디스크 관점은 전략적 사고의 유효한 '틀'이 될 수 있다.

디스크의 4가지 유형, 즉 D형(주도형), I형(사교형), S형(안정형), C형(신중형)을 단순히 사람의 행동유형으로 구분하지 말고 사물을 해석하는 틀로 적용해 보자. 단순한 성격 유형 구분을 넘어서, 사람마다 세상을 해석하는 방식이 서로 다르다는 것을 알려준다. 이를 고객 관점에 적용해 보면, 같은 제품이라도 고객이 어떤 '시선(관점)'으로 그것을 바라보는가에 따라 전혀 다른 반응을 보인다는 것을 이해할 수 있다.

예를 들어, 동일한 제품을 보더라도 D형(주도형) 고객은 제품이 자신에게 어떤 효과를 줄지, 혹은 얼마나 빠르게 효율을 개선할 수(나에게 도움이 될지를) 있는지를 따져본다. 그들에게는 복잡한 기능이나 설명보다 '결과적으로 무엇이 달라지는가?'가 중요하다. 이들에게는 '이 제품으로 당신의 업무 속도가 30% 향상됩니다'처럼 명확하고 직선적인 메시지가 가장 설득력 있다.

반면 I형(사교형) 고객은 제품이 주는 경험적 가치에 주목한다. 이 제품이 일상에 얼마나 즐거움을 더할 수 있는지, 다른 사람들과의 관계에서 어떤 이미지를 줄 수 있는지가 핵심이다. 후기, 공감 스토리, 감성적인 표현 등이 효과적인 접근법이며, '이 제품은 당신의 일상을 특별하게 해줍니다' 같은 메시지가 이들에게 큰 영향을 준다.

S형(안정형) 고객은 일관성과 안정성, 검증된 신뢰를 중요하게 여긴다. 새롭거나 실험적인 것보다는 익숙하고 많은 이에게 인정받은 제품을 선호한다. '수년간 사랑받아 온 베스트셀러입니다',

'정기 점검 서비스를 제공합니다'와 같은 표현은 그들의 불안감을 줄이고 신뢰를 형성한다.

마지막으로 C형(신중형) 고객은 논리와 구조, 명확한 근거를 바탕으로 구매를 결정한다. 기능, 스펙, 수치 등의 구체적인 정보가 반드시 필요하다. 'ISO 인증 제품', '경쟁 제품 대비 전력 소비 18% 절감'과 같은 구체적이고 객관적인 메시지는 그들의 이성적 판단을 도와준다.

이처럼 고객은 같은 제품이라도 디스크 속성에 따라 다르게 해석하고 판단한다. 이는 판매자에게 단순한 '세일즈 메시지'가 아니라 고객의 해석 프레임에 맞춘 전략적 접근이 필요하다는 점을 의미한다.

2) DISC를 판매 전략으로 확장하면 어떤 점이 달라질까

디스크 관점은 단순히 고객을 유형별로 구분하는 데 그치지 않는다. 보다 중요한 것은 이를 제품 특성이나 시장 흐름과 연결하여 전략적 선택의 기준으로 활용할 수 있다는 점이다. 다시 말해, 고객 유형별 접근이 아니라, 제품 자체를 디스크 속성에 맞춰 어떤 관점으로 판매할지를 정하는 것이다. 예를 들어, 신제품은 시장 인지도가 낮고 초기 반응이 중요하다. 이 경우 I형 관점의 전략이 효과적이다. 감성적 브랜딩, 체험 이벤트, 사용 후기 등 경험 중심의 콘텐츠로 고객의 관심을 끌고 구전 효과를 유도할 수 있다.

계절 한정 세일 상품이나 단기 프로모션 제품의 경우는 빠른 판단과 즉각적인 행동 유도가 핵심이다. 이럴 때는 D형(주도형) 관점의 전략이 유효하다. '오늘 단 하루 50% 할인', '한정 수량'처럼 효율성과 긴박감을 강조하는 표현은 D형 속성의 강점을 극대화한다.

오랜 시간 판매되는 스테디셀러 제품은 안정성과 신뢰를 지속적으로 전달해야 한다. 따라서 S형(안정형) 관점의 전략이 적절하다. 꾸준한 품질 유지, 정기 고객 혜택, 고객센터 운영 같은 예측 가능하고 안심되는 서비스 제공이 핵심이다.

고가의 기술 제품이나 프리미엄 상품은 C형(신중형) 관점이 요구된다. 기능적 차별성, 수치 기반의 비교, 인증서 등 논리적 정당성 확보가 필수이며, 상세 설명과 명확한 근거 제시는 전략의 기본이다. 이처럼 제품의 특성과 시장 상황에 따라 디스크 관점을 유연하게 대입하면, 정형화된 고객 설득 전략을 수립할 수 있다. 이는 감에 의존하거나 무작위로 시도하는 기존 접근 방식과는 본질적으로 다르다.

■ **DISC 기반 전략의 장점 – 예측 가능성과 분석 가능성**

기존의 판매 전략은 많은 경우 제품 중심이나 가격 중심에 머무르며, 담당자의 직관이나 단기적인 경험에 크게 의존하는 경우가 많았다. 그러나 이러한 방식은 반복성과 예측 가능성이 떨어지며, 실패 시 원인을 분석하기도 어렵다. 반면 디스크 관점은 판매 전략을 보다 체계적이고 예측 가능하게 만든다. 유형별로 고객의 반응을 예측할 수 있을 뿐 아니라, 성과가 기대치와 다를 경우에도 그 이유를 파악하고 수정할 수 있는 기준을 제공한다. 이는 곧 데이터 기반의 전략 설계와 평가가 가능하다는 것을 의미한다.

예를 들어, 특정 제품에 대해 D형 관점의 전략을 적용했는데 기대보다 반응이 낮았다면, 그 원인이 속도감 부족인지, 명확한 성과 메시지 부재인지 등을 추적할 수 있다. 이는 단순한 실패가 아닌, 전략적 피드백 포인트를 만들어낸다. 이렇게 반복 가능한 전략 설계는 마케팅 조직의 학습 속도와 실행력을 높인다. 또한 디스크 전략은 고객 중심 마케팅의 본질에 더욱 부합한다. 고객을 단순한 '소비자'가 아닌 '해석자'로 바라보는 시각은, 제품을 고객의 관점에서 설계하고 조율하는 데 초점을 맞추게 한다. 이는 시대가 요구하는 진짜 고객 중심 전략이라 할 수 있다.

이제 우리는 디스크를 단지 '사람을 유형화하는 도구'가 아니라, 행동을 해석하고 전략을 설계하는 렌즈로 바라볼 필요가 있다. 고객은 그저 제품을 사는 대상이 아니라, 자신만의 해석 방식과 가치 체계를 가진 존재다. 그 해석의 틀을 먼저 이해하고 대응할 수 있어야만, 진짜 전략이 작동한다. 제품이 아니라 고객의 관점에서 세상을 바라보는 마케팅, 이것이 디스크 관점이 가진 가장 강력한 전략적 전환점이다. 고객의 반응을 예측하는 것을 넘어서, 그 반응의 이유를 해석하고 전략을 설계하는 것, 이것이 바로 디스크가 제공하는 실용적 인사이트이며 우리가 디스크를 새롭게 해석해야 하는 이유다.

3) DISC는 '사람'만 보는 도구가 아니다

디스크는 오랫동안 사람을 이해하는 도구로 활용되어 왔지만 여기서 한발 더 나아간다면 디스크는 단순히 '사람'을 이해하는 데 그치지 않고, 시스템을 해석하고 설계하는 프레임워크로 확장될 수 있을것이다.

이는 디스크가 사람의 성격을 분류하는 고정된 이론이 아니라, 세상을 바라보는 4가지 관점의 집합임을 전제로 한다. D형(주도형), I형(사교형), S형(안정형), C형(신중형)은 각각 빠른 실행, 감성 중심의 관계, 예측 가능성과 안정성, 논리적 정확성을 중시하는 해석 틀이다. 이 속성들은 개인의 행동만이 아니라 제도, 환경, 구조, 문화를 설계하는 데도 적용 가능하다.

예를 들어, 교육 시스템을 디스크 관점으로 설계한다고 해 보자. 기존의 커리큘럼이 모든 학습자에게 동일한 방식으로 전달된다면, 이는 S형(안정형)이나 C형(신중형)에게는 안정감을 줄 수 있지만 D형(주도형)이나 I형(사교형)에게는 지루하고 비효율적으로 느껴질 수 있다. 교육시스템을 포함하여 아래처럼 여러 분야로의 확장성을 검토할 수 있을 것이다.

- ✔ 교육 시스템에서 디스크 관점으로 커리큘럼을 설계한다면?
- ✔ 리더십 프로그램을 디스크 유형별 스타일에 따라 구조화한다면?
- ✔ 고객관리(CRM) 시스템을 디스크 기반으로 구성한다면?
- ✔ 조직 변화관리 전략에 디스크 속성을 대입한다면?

이 질문들은 모두 디스크가 '검사 도구'를 넘어 사고의 프레임이 되었을 때 가능한 응용 시나리오들이다. 우리가 무언가를 바라보는 방식, 해석하는 구조, 사람을 다루는 태도 모두에 디스크의 속성을 도입할 수 있다면, 더 깊은 통찰과 예측 가능성을 확보할 수 있다.

DISC 인사이트
– 인사이트 부재 시대를 돌파하는 새로운 사고의 틀

오늘날 우리는 누구나 인터넷 검색 몇 번이면 전문 지식을 접할 수 있고, 터치 한 번이면 누구든 똑같은 결론에 다다를 수 있다.

정보의 비대칭은 거의 사라졌고, 개인의 정보 접근성은 역사상 그 어느 시대보다도 향상되었다. 겉보기에는 세상이 똑똑해졌고, 우리는 더 많은 것을 아는 듯하다. 하지만 아이러니하게도 이 시대에 가장 부족한 것은 바로 '인사이트(Insight)'다. 모두가 유사한 정보에 노출되며, 모두가 비슷한 해석을 내놓는다. 이제는 '무엇을 아느냐'보다 '어떻게 보느냐'가 더 중요한 시대가 된 것이다. 같은 현상을 어떻게 다르게 해석하고 설계하느냐가 경쟁력이 되는 시대, 바로 이 지점에서 디스크 관점은 우리의 사고방식에 결정적인 전환점을 제공한다.

나는 이러한 변화의 흐름 속에서 디스크를 단순한 분류 도구가 아닌 '세상을 바라보는 프레임'으로 확장해 사용할 수 있다고 말한다. 기존의 디스크가 사람의 성격이나 행동유형을 구분하기 위한 진단 도구였다면, 이제는 그 틀을 넘어 조직과 사회, 구조와 환경까지 해석할 수 있는 사고 체계로 발전할 수 있다는 것이다. 나는 이러한 사고방식과 응용의 확장을 '디스크 인사이트'라는 개념으로 명명한다.

디스크 인사이트란 단순히 행동을 분류하고 해석하는 것을 넘어 현상과 문제, 조직과 인간관계, 그리고 구조와 문화를 다층적 속성으로 바라보는 관점의 틀이다. 다시 말해, 디스크는 특정한 유형을 구분하는 언어로서가 아니라, 세상을 해석하고 전략을 설계하는 새로운 관점의 언어가 될 수 있다는 뜻이다. 우리가 마주하는 갈등, 변화, 협업, 설득의 장면 속에서 디스크 인사이트는 다음과 같은 질문을 던진다.

- ✓ 지금 이 상황을 어떤 속성으로 해석할 것인가?
- ✓ 지금의 문제는 속성의 충돌인가, 해석의 차이인가?
- ✓ 구성원 간의 갈등은 유형의 차이인지, 관점의 불일치인지?
- ✓ 조직문화의 문제는 성과지향(D)의 부족인가, 안정성(S)의 과잉인가?

이처럼 디스크 인사이트는 다양한 시선으로 상황을 분해하고, 새로운 전략을 설계하게 한다. 다양한 관점에서 현상을 해석하는 훈련, 성향의 차이를 도식화하여 대화와 협업을 설계하는 방법, 구성원 간의 시각 차이를 인식하고 조율하는 역량이 모든 것이 사고의 유연성과 관계의 통찰력으로 이어진다.

결국 인사이트란 정답을 찾아내는 능력이 아니다. 인사이트는 해석의 프레임을 갖는 능력이다. 동일한 정보를 바라보면서도 서로 다른 전략을 도출해 내는 능력, 그것이 진정한 인사이트이며, 지금 시대가 가장 필요로 하는 역량이다. 그리고 디스크는 그 해석의 가장 유효한 프레임이다. 더욱이 디스크 인사이트는 단지 개인의 행동유형을 보는 차원을 넘어서, 시스템, 제도, 커뮤니케이션, 조직 설계까지 적용 가능한 구조적 사고의 틀로서 기능할 수 있다.

DISC 인사이트의 시사점

디스크 인사이트는 단순히 사람을 유형으로 나누는 도구에서 출발하지만, 그 본질은 훨씬 더 깊고 넓은 의미를 담고 있다. 이것은 사고의 틀을 바꾸는 데 그치는 것이 아니라, 지금 우리가 살아가는 시대가 요구하는 새로운 해석의 방식에 대한 응답이다. 정보가 넘쳐나는 시대, 단순한 분류를 넘어서는 시각, 그리고 관계와 조직을 설계하는 전략적 관점의 도구로서 디스크 인사이트는 점점 더 중요한 의미를 지닌다.

1) 찐 통찰이 필요한 시대

우리는 지금 '정보의 양'보다는 '해석의 깊이'가 더 절실한 시대에 살고 있다. 인공지능이 수많은 데이터를 몇 초 만에 요약해 주고, 다양한 알고리즘이 예측의 방향성을 제공해 주는 시대다. 하지만 이처럼 모든 것이 자동화되고 효율화된 세상 속에서 인간에게 기대되는 역할은 점점 더 뚜렷해지고 있다.

그것은 바로 더 많이 아는 것이 아니라 더 정확하게 해석하는 능력이다. 또한, 단편적인 사실의 나열이 아니라 서로 다른 관점과 흐름을 입체적으로 조율하는 능력이다. 그러한 해석 능력은 D, I, S, C라는 4가지 속성을 통해 인간의 행동과 사고를 구분할 수 있을 뿐만 아니라 각 속성을 통해 동일한 상황을 어떻게 다르게 바라볼 수 있는지 근본적인 토대가 된다. 예를 들어, 조직 내 갑작스러운 매출 하락이라는 문제를 마주했을 때, 누군가는 '성과관리 실패(D)'로 해석하고, 다른 누군가는 '고객 접점의 약화(I)'로, 또 다른 사람은 '내부 조직문화의 동요(S)' 또는 '시장의 구조적 변화 분석 미흡(C)'으로 해석할 수 있다.

디스크 인사이트는 단순한 해석의 유혹을 넘어서, 복잡한 상황을 구조화하고 다각도로 구성하는 능력을 길러주는 프레임이다. 즉, 정보 자체가 아닌, 정보의 맥락과 속성의 연결을 바라보는 사고방식이다.

2) 조직과 사회를 바라보는 새로운 언어

디스크 인사이트는 이제 그 범위를 넘어 조직, 팀, 그리고 사회 전체를 해석하는 언어로 진화하고 있다. 단지 '이 사람은 D형이다'라는 구분을 넘어서, 회의의 분위기나 흐름, 조직의 전략적 문화, 프로젝트의 추진 방식까지도 디스크 속성으로 분석할 수 있다. 예를 들어, 한 조직이 반복적으로 실행력을 잃고 무기력한 상태에 빠진다면, 그것은 단순히 사람의 태도 문제가 아니라 'D 속성의 부재'일 수 있다. 반대로 지나치게 결과 지향적인 분위기로 인해 내부 갈등이 심화되고 있다면, 'S 속성의 약화'가 원인일 수 있다.

이처럼 조직 내 현상을 디스크의 속성 언어로 해석하는 순간, 문제 해결의 실마리가 명확하게 드러난다. 또한 고객 응대 매뉴얼, 브랜드 전략, 교육과정 설계, 심지어 갈등 조정의 구조까지도 디스크 프레임을 통해 예측 가능하고 명확한 기준으로 구조화할 수 있다. 이것이 바로 디스크 인사이트가 '개인 심리'를 넘어 집단 시스템의 해석 언어로 확장되고 있다는 의미다.

3) 관계를 설계하고, 행동을 유도하는 프레임

사람과 사람의 관계는 단순한 감정의 교환만으로 구성되지 않는다. 특히 조직, 교육, 마케팅, 리더십 등 실천적 맥락 속에서의 관계는 일정한 설계와 구조화를 요구한다. 디스크 인사이트는 바로 이러한 관계의 장면에서 전략적 소통의 도구로 활용될 수 있다. 예를 들어, 세대 간 소통이 어려운 상황이라면 '속성의 차이'를 인식하는 것이 우선이다. MZ세대가 자율성과 표현의 자유를 중시한다면, 그것은 D형이나 I형 속성의 강화로 볼 수 있다. 반면, 기성세대가 규범과 일관성을 강조한다면 S형 또는 C형 속성의 관점이 우세한 것이다. 이러한 속성 간 충돌은 갈등이 아닌, 관점의 차이로 접근해야 하며, 디스크 인사이트는 그 차이를 중재하고 조율하는 설계의 출발점이 된다.

또한 교육 콘텐츠를 설계할 때, 학습자의 몰입을 유도하는 방식도 디스크에 따라 다르다. 어떤 학습자는 도전과 경쟁(D)을 통해, 어떤 이는 공감과 사례 중심(S)을 통해 몰입하게 된다. 즉, 디스크는 관계를 디자인하고, 학습을 유도하며, 설득을 전략화하는 프레임으로서 기능한다.

디스크 인사이트는 더 이상 특정 사람의 성격을 해석하는 도구에 머무르지 않는다. 그것은 조직과 사회, 그리고 우리가 마주하는 다양한 상호작용의 맥락을 재구성할 수 있는 언어이며, 사고의 틀이며, 전략의 프레임이다. 그렇기에 디스크 인사이트는 단지 한 가지 도구가 아닌, 시대가 요구하는 복잡성과 유연성을 동시에 담아낼 수 있는 해석 체계로 거듭나고 있다. 지금 우리가 진짜로 필요한 것은, 사람을 '유형'으로 구분하는 기술이 아니라, 사람과 현상을 연결하여 통찰하는 능력이다. 디스크 인사이트는 바로 그 길로 우리를 안내하는 지도와도 같은 존재다.

- DISC 인사이트 관점에서 바라본 고객의 구매 여정
    1) 1단계: 제품 시장 조사 – C형의 속성
    2) 2단계: 가격 및 조건 검토 – C형+D형의 속성 결합
    3) 3단계: 구매 결정 – D형의 속성
    4) 4단계: 배송 및 수령 – D형의 속성과 S형의 욕구
    5) 5단계: 만족도 평가 – I형의 속성
    6) 6단계: A/S 및 사후관리 – S형의 속성
- 구매 단계별 DISC 속성 기반 판매 전략
- 고객 불만 처리 과정에 적용하는 DISC 인사이트
    1) 접수 단계 – 첫 반응은 S형과 I형의 관점에서
    2) 경청 단계 – C형과 S형의 균형 감각
    3) 사실 확인 단계 – 논리와 기준 중심의 C형 속성
    4) 해결 단계 – 실행력과 명확성이 필요한 D형 속성
    5) 사후 단계 – 재신뢰 형성을 위한 S형과 I형의 노력
- 회의 방식도 DISC 인사이트를 적용해 보자
- 세대 간 소통, DISC 인사이트로 접근하다
- 커리어 성장과 DISC 인사이트 – 혼란의 시대, 나만의 사고 도구를 갖는다는 것의 의미

DISC insight

Organizational Perspective

Relationship Perspective

Self

6장
DISC 인사이트의 적용 사례

세상을 해석하는 방식에 디스크의 속성을 도입하는 새로운 사고(思考) 모델, 그것이 바로 디스크 인사이트다. 그러나 이 사고(思考) 모델을 구체적으로 체계화하고, 완결된 형태로 실현한 사례는 아직 많지 않다. 이는 디스크 인사이트 자체가 저자의 관점에서 제안한 새로운 시도이자, 아직 정형화된 프레임으로 자리 잡기 이전의 개념이기 때문이다.

　그럼에도 불구하고, 부분적으로 디스크 인사이트 관점이 반영된 사례는 우리가 생각하는 것보다 어렵지 않게 발견할 수 있다. 예를 들어, 고객 세분화 전략에서 감성 중심의 마케팅 요소를 강조하는 방식, 프로젝트 팀 구성 시 구성원의 성향을 반영하여 역할을 분배하는 접근, 또는 리더십 교육에서 참여자의 커뮤니케이션 스타일에 따라 맞춤 피드백을 제공하는 프로그램 등은 모두 디스크 인사이트의 사고 틀이 실무에 자연스럽게 적용된 사례라고 볼 수 있다.

나아가, 디스크의 속성을 보다 전략적으로 해석하고 응용한다면 지금까지는 시도되지 않았던 전혀 새로운 분야에서도 다양하고 유의미한 아이디어들이 도출될 수 있다. 예컨대, 교육 커리큘럼을 디스크 유형에 따라 구조화하거나, 고객관리(CRM) 시스템에 디스크 기반 알고리즘을 적용하고, 조직 운영 매뉴얼에 유형별 커뮤니케이션 방식과 대화 흐름을 반영하는 것도 가능하다. 더 나아가 인공지능 상담 시스템, 자기주도 학습 플랫폼, 직무역량 기반 평가 도구 등 여러 디지털 기반 시스템 설계에도 디스크 속성을 유기적으로 통합할 수 있을 것이다.

무엇보다 중요한 점은, 이러한 접근이 단순히 '새로운 방식의 실험'에 그치는 것이 아니라, 사람을 이해하는 방식에서 출발한 해석 모델이라는 점이다. 디스크 인사이트는 인간의 사고 흐름과 행동 패턴에 기반하여 현상을 구조화하고, 설득과 소통, 실행 전략을 디스크 속성 중심으로 설계할 수 있도록 돕는 유연한 사고 도구다.

이 장에서는 디스크 인사이트를 실질적으로 적용해 볼 수 있는 영역에 대해 저자의 관점을 중심으로 가설적이지만 실천 가능한 예시들을 제시하고자 한다. 이는 내가 대기업에서 22년간 리더로 활동하며 축적해 온 경험과 통찰을 바탕으로 구성한 내용으로, 새로운 분석의 틀로 확장할 수 있는 가능성을 함께 모색해 보려는 시도이기도 하다.

DISC 인사이트 관점에서 바라본 고객의 구매 여정
- DISC 속성 기반의 사고로 고객 경험을 해석하다

우리가 어떤 제품을 구매할 때, 단순히 마음에 들어서 버튼 하나를 누르는 것이 전부일까? 그렇지 않다. 고객의 구매 행동은 복합적이며, 여러 단계를 거쳐 최종 결정을 내리게 된다. 제품을 탐색하고 비교하며 조건을 검토하고, 구매를 결심한 후에는 배송과 수령을 기다리고, 실제 사용 후에는 만족도 평가와 사후관리까지 경험하게 된다. 이 모든 과정은 하나의 연속된 심리적 여정이자 행동의 흐름이다.

이러한 흐름을 디스크 관점에서 바라보면 매우 흥미로운 해석이 가능해진다. 사람의 고유한 디스크 유형과는 별개로, 우리는 모두 이 여정 속에서 4가지 디스크 속성(D, I, S, C)을 순차적으로 경험하고 활용하고 있다. 다시 말해, 고객의 성향이 어떠하든 간에, 구매 여정 안에서는 자연스럽게 디스크 속성이 교차적으로 작동한다. 이것이 바로 '디스크 관점'이 가진 핵심적인 가치다. 이제 단계별로 살펴보자.

1) 1단계: 제품 시장 조사 – C형(신중형)의 속성

구매는 정보 탐색에서 시작된다. 고객은 인터넷을 통해 제품에 대한 스펙을 꼼꼼히 확인하고, 사용자 후기와 전문가 리뷰를 참고하며, 제조사의 신뢰도나 서비스 만족도까지 조사한다. 이처럼 사실과 수치에 기반하여 정확한 판단을 내리려는 사고는 C형(신중형)의 전형적인 특성과 일치한다. 이 시점에서 고객은 감정보다는 논리와 데이터를 중시한다. 다양한 자료를 통해 불확실성을 줄이고, 신뢰할 수 있는 선택지를 좁혀나간다. 따라서 이 단계에서 중요한 것은 '정보의 질'이다. 상세한 제품 정보와 투명한 비교 자료는 고객의 신뢰를 확보하는 핵심 수단이 된다.

2) 2단계: 가격 및 조건 검토 – C형(신중형)+D형(주도형)의 속성 결합

정보 탐색이 끝난 고객은 다음으로 가격과 조건을 본격적으로 비교하기 시작한다. 여전히 C형(신중형)의 분석적 사고는 작동하고 있지만, 동시에 전략적 판단을 중시하는 D형(주도형)의 속성이 슬며시 고개를 든다. "지금이 사기에 적절한 시점인가?", "이 구성은 실용적인가?", "할인이 곧 끝난다는데, 지금 결정해야 하지 않을까?" 이런 판단들은 C형(신중형)의 이성적 검토와 D형(주도형)의 목적 지향적 사고가 결합된 결과다. 이 과정에서 고객은 효율성과 실용성을 모두 고려하면서 가장 '성과 있는' 선택을 하려 한다.

3) 3단계: 구매 결정 – D형(주도형)의 속성

충분히 고민을 끝낸 후 고객이 결정을 내리는 순간, 사고는 '속도와 실행' 중심으로 전환된다. 이 시점은 더 이상 분석하거나 비교하지 않는다. "이제 그만 결정하자", "오늘 안에 주문하자"와 같은 결단의 언어가 등장한다. 이러한 태도는 D형(주도형)의 특성으로, 명확한 목표 설정과 빠른 실행, 그리고 추진력이 중심이 된다. 이 단계는 바로 '구매'라는 행동이 실현되는 순간이며, 판매자 입장에서는 결정적 전환점이기도 하다.

4) 4단계: 배송 및 수령 – D형(주도형)의 속성과 S형(안정형)의 욕구

고객이 결제를 마치면 이제는 기다림의 단계로 접어든다. 여기서도 고객의 기대는 이중적으로 나타난다. 우선, 여전히 D형(주도형)의 속성이 남아 있다. "오늘 발송되었는가?", "며칠 안에 도착하는가?" 등 실행력과 빠른 처리에 대한 기대가 크다. 동시에 S형(안정형)의 욕구도 뚜렷하게 나타난다. "제시간에 정확히 도착할까?", "포장은 안전하게 되어 있을까?", "배송기사는 친절했을까?" 등 전반적인 경험의 일관성과 서비스 품질에 대한 기대가 생겨난다. 이 단계에서의 만족도는 이후 재구매와 추천으로 이어질 가능성을 결정짓는다.

5) 5단계: 만족도 평가 – I형(사교형)의 속성

제품이 도착하고 사용이 시작되면, 고객의 판단 기준은 다시 한 번 전환된다. 초기에는 기능이나 스펙을 따졌지만, 이제는 감정적인 만족이 핵심이 된다. "생각보다 디자인이 더 예쁘다.", "손에 딱 맞아서 기분이 좋다", "이거 친구에게도 추천하고 싶다" 이러한 반응은 I형(사교형)의 속성과 관련되어 있다. 제품을 사용하는 경험 자체에서 감정적인 즐거움을 느끼고, 이를 다른 사람들과 공유하고 싶은 마음이 자연스럽게 생겨나는 것이다. SNS 후기, 리뷰 작성, 입소문 마케팅은 이 시점에서 자발적으로 이루어진다.

6) 6단계: A/S 및 사후관리 – S형(안정형)의 속성

제품 사용 중 문제가 발생했을 때 고객이 중요하게 여기는 것은 단순한 해결 여부가 아니다. 오히려 그 과정을 통해 느끼는 '신뢰'와 '배려', '일관성'이 더 중요하다. "상담원이 끝까지 책임져주었는가?", "과정이 체계적으로 안내되었는가?", "불편함 없이 해결되었는가?" 이 모든 기대는 S형(안정형)의 심리에서 비롯된다. 고객은 사후관리 과정에서 브랜드에 대한 최종 평가를 내리며, 다음에도 이 브랜드를 선택할 것인가에 대한 판단을 이 시점에서 내린다.

고객의 구매 여정은 단지 한 번의 클릭이나 결제로 끝나는 일이 아니다. 그것은 탐색, 비교, 결정, 수령, 사용, 사후관리까지 이어지는 복합적이며 심리적인 흐름이다. 이 여정은 누가 어떤 유형이든 상관없이, 디스크의 4가지 속성(D, I, S, C)이 자연스럽게 작동하는 구조로 짜여 있다. 디스크 관점으로 고객의 행동을 해석하는 것은 단순히 고객을 유형별로 나누는 것이 아니라, 고객의 '생각의 흐름'을 읽고, 그 흐름에 맞는 메시지와 서비스, 그리고 전략을 설계하는 일이다. 이것이 바로 '디스크 속성 기반 사고'이며, 디스크 인사이트의 실질적인 첫 번째 적용 사례다.

이제 우리는 고객을 '타깃'이 아니라, 복합적인 사고 흐름을 지닌 해석자로 보아야 한다. 그 흐름을 읽는 능력이 곧 고객 경험의 품질을 결정짓는 핵심이 된다. 디스크는 그 흐름을 구조화할 수 있는 실용적인 언어 중 하나다.

구매 단계별 DISC 속성 기반 판매 전략

디스크가 가진 행동 속성을 고객의 구매 여정에 적용하여 각 단계별 고객의 심리와 행동 특성을 분석해 보는 개념을 설명했었다. 이제는 단순한 개념 이해를 넘어, 실제 전략 수립으로 확장해 보자. 앞서 살펴본 디스크 인사이트의 개념을 기반으로, 이제는 고객이 실제 구매 과정에서 어떻게 행동하고, 기업은 그 흐름에 어떻게 전략적으로 대응할 수 있는지를 보다 정교하게 들여다볼 필요가 있다.

[그림2] DISC 인사이트 관점에서의 구매여정

 오늘날 기업이 고객을 이해하고자 할 때, 단순히 성별이나 연령, 혹은 과거의 구매 이력과 같은 통계적 정보(빅데이터)만으로는 충분하지 않다. 고객은 고정된 수치나 분류표 속 존재가 아니라,

상황에 따라 반응하고 끊임없이 변화하는 '행동하는 존재'이기 때문이다. 이러한 빅데이터 안에는 일정한 흐름과 구조가 있으며, 그 속에는 디스크의 4가지 행동 속성이 교차적으로 작용하고 있다. 만약 기업이 이 행동 흐름을 디스크 인사이트의 관점으로 읽어낼 수 있다면, 고객의 다음 행동을 예측하고 이에 선제적으로 대응하는 정교한 전략을 수립할 수 있을 것이다. 이는 곧 고객 관점의 혁신을 여는 열쇠가 된다.

1) 제품 시장 조사 단계
- C형(신중형) 중심 전략

고객은 구매를 결정하기 전에 먼저 충분한 정보를 수집하고, 다양한 제품을 비교하며, 객관적 판단의 근거를 찾는다. 이 초기 과정에서는 논리적이고 체계적으로 사고하는 C형(신중형)의 행동 특성이 두드러지게 나타난다. 감정보다는 사실, 추상보다는 데이터에 집중하며, 정보의 정확성과 객관성을 판단의 핵심 기준으로 삼는다. 이러한 특성을 감안하여 기업이 수립할 수 있는 전략적 제안은 다음과 같다.

첫째, 고객이 가장 먼저 요구하는 것은 객관적인 데이터이므로, 제품 비교표, 상세 스펙, 수치 기반 정보 등 신뢰 가능한 콘텐츠를 중심으로 정보를 구성해야 한다. 이는 곧 신뢰의 기반이 된다.

둘째, 전문가 리뷰, 기술 인증, 실험 결과와 같은 제3자의 평가 자료를 통해 정보의 신뢰도를 높이고, 고객의 의심을 해소할 수 있어야 한다.

셋째, C형(신중형) 고객은 자신이 궁금한 것을 빠르게 확인하고자 하므로, 기술적인 문의에 대해 명확하고 빠르게 응답할 수 있는 FAQ 시스템이나 챗봇을 구축하는 것이 필요하다.

이 단계에서 기업은 고객의 '의심'을 해소하는 데 집중해야 하며, 제공하는 정보의 질이 곧 신뢰의 핵심임을 명심해야 한다. 이 단계에서 고객이 신뢰를 느끼지 못한다면 이후의 구매 단계 자체가 사라질 수 있다.

2) 가격 및 조건 검토 단계
- C형(신중형)+D형(주도형) 혼합 전략

정보를 충분히 확보한 고객은 다음 단계에서 조건과 가격, 가성비 등을 비교하며 구매의 유불리를 분석한다. 이때는 분석 중심의 C형(신중형) 특성이 유지되면서도, 효율성과 결과를 중시하는 D형(주도형)의 속성 또한 함께 작용하기 시작한다. 고객은 "이 선택이 나에게 얼마나 이득이 되는가?"라는 질문을 중심으로 사고하게 된다. 특히 구매 가격의 예측은 구매 조건의 유불리에 따라 구매 시기를 의도적으로 조정하기도 한다. 이러한 사고 흐름에 따라 기업의 전략도 구체화되어야 한다.

첫째, 고객이 가격과 조건을 한눈에 비교할 수 있도록 할인율, 혜택 구성, 패키지 옵션 등의 실질적인 조건을 명확하게 시각화해야 한다. 복잡한 조건은 오히려 혼란을 유발할 수 있으므로 구조화된 표현이 중요하다.

둘째, '가장 많이 선택된 옵션', '베스트셀러', '고객 추천 순위'와 같은 사회적 증거(social cue)를 통해 고객의 선택 결정을 돕는 간접적 유인을 제공해야 한다.

셋째, D형(주도형) 고객의 행동을 자극할 수 있도록 시간 한정 할인, 수량 제한 등 긴박감을 조성하는 프로모션 전략을 활용하는 것이 효과적이다.

이 시점에서 고객이 느끼는 '선택의 복잡함'은 쉽게 이탈로 이어질 수 있으므로, 명확하고 간결한 제안이 무엇보다 중요하다.

3) 구매 결정 단계
- D형(주도형) 중심 전략

모든 정보와 조건을 검토한 고객은 이제 구매 여부를 결정해야 하는 핵심 지점에 도달한다. 이 시점에서 중요한 것은 더 이상의 분석이 아니라 결단과 실행, 그리고 속도와 명확성이다. 여기서 전면에 드러나는 속성은 바로 D형(주도형)이다. 따라서 기업은 다음과 같은 실행 전략을 갖춰야 한다.

첫째, 구매 과정에서의 불필요한 단계를 과감히 제거하고, '원클릭 구매', 간편 결제, 빠른 인증 등의 시스템을 제공함으로써 구매 장벽을 최소화해야 한다.

둘째, 구매 즉시 누릴 수 있는 혜택(예: 추가 할인, 사은품 증정, 적립금 지급 등)을 명확하게 제시하여 고객의 즉각적인 반응을 유도해야 한다.

셋째, D형(주도형) 고객은 핵심 정보를 간결하고 빠르게 확인하길 원하므로, 재고 현황, 배송 예정일, 주요 혜택 요약 등 필수 정보를 명확히 하고 시각적으로 정리해서 제공하는 것이 효과적이다.

D형(주도형) 고객은 결정을 미루는 것을 싫어한다. 따라서 고객이 결제 버튼을 누르기까지 걸림돌이 되어서는 안 되며, 흐름을 방해하는 요소는 철저히 제거되어야 한다.

4) 배송 및 수령 단계
- D형(주도형)+S형(안정형) 전략

결제가 완료된 후 고객은 배송과 수령을 기다리는 과정으로 들어간다. 이 시점은 고객에게 단순한 기다림이 아니라, '신뢰'와 '예측 가능성'을 확인하는 시기다. 여기에서는 S형(안정형)이 가지는 계획성, 일관성, 절차 지향적 특성과 함께, D형(주도형)의 신속성과 정확성을 중시하는 속성이 동시에 작동한다.

기업은 다음과 같은 방식으로 고객의 기대를 충족시켜야 한다.

첫째, 고객에게 배송 일정, 실시간 추적 정보, 도착 예정일 안내 등 예측 가능한 정보를 제공하여 고객의 불안감을 줄여야 한다.

둘째, 배송은 단순히 제품이 도착하는 과정이 아닌 '경험의 일부'이므로, 포장 상태, 배송 기사 응대, 수령 인증 절차 등을 포함한 전반적인 경험의 질을 높이고 리뷰 작성을 자연스럽게 유도해야 한다.

셋째, 예상치 못한 문제가 발생했을 경우, 신속하고 공감 어린 커뮤니케이션을 통해 고객의 신뢰를 유지하는 대응력이 필요하다.

이 시점에서 고객의 기대가 충족되지 않으면 브랜드에 대한 신뢰가 쉽게 무너질 수 있으므로, 일관성 있고 예측 가능한 흐름을 유지하는 것이 핵심이다.

5) 만족도 평가
- I형(사교형) 중심 전략

고객이 제품을 사용하기 시작하는 단계에서는 '기능'보다 '감정과 경험'이 더 중요해진다. 이때 나타나는 대표적 행동 속성은 I형(사교형)이다. 디자인, 사용의 편리함, 직관성, 감성적 만족감이 중심이 되며, 감정적으로 긍정적인 경험은 곧 공유와 전파로 이어진다. 이 시점에서 기업은 다음의 전략을 설계해야 한다.

첫째, 고객의 경험을 콘텐츠로 연결하기 위해 후기 작성 유도 시스템을 구축하고, 후기 참여에 대해 작지만 의미 있는 보상을 제공하는 것이 효과적이다.

둘째, 고객이 SNS, 메신저, 리뷰 플랫폼 등을 통해 경험을 손쉽게 공유할 수 있는 기능을 마련함으로써 자연스러운 홍보 흐름을 만들 수 있다.

셋째, 만족한 고객에게 연관 상품이나 스타일을 추천해 주는 추가 콘텐츠를 제공하여 감정의 흐름을 끊지 않고 지속시키는 구조를 설계해야 한다.

감정은 빠르게 전염되고 공유된다. 만족스러운 감정은 추천으로, 추천은 다시 브랜드 충성도로 이어진다.

6) A/S 및 사후관리 단계
- S형(안정형) 중심 전략

제품 사용 후 문제가 발생했을 경우, 고객은 단지 '빠른 해결'만을 원하는 것이 아니다. 오히려 그 과정 속에서 느끼는 배려, 신뢰, 일관성이 더 큰 평가 기준이 된다. 제품구매가 완료되는 시점이므로 내가 선택한 제품이 옳은 선택이었다는 니즈가 발생하는 단계이기도 하다. 이 시점에서 주로 작용하는 속성은 S형(안정형)의 관계 중심성과 정서적 일관성이다. 기업이 이 단계에서 취해야 할 전략은 다음과 같다.

첫째, 고객 문의 접수 시에는 정중하고 공감 어린 응대를 통해 신뢰의 시작점을 마련해야 한다.

둘째, 고객이 절차를 예측할 수 있도록 처리 예상 시간과 단계별 절차에 대한 구체적 안내를 제공하는 것이 중요하다.

셋째, 가능한 경우에는 동일한 상담자가 문제 해결의 처음부터 끝까지 일관되게 응대함으로써 고객의 심리적 안정감을 높일 수 있다.

넷째, 문제 해결 이후에는 감사 메시지나 피드백 요청을 통해 고객과의 관계를 지속할 수 있는 여지를 남겨야 한다.

이러한 대응은 단순한 사후처리 수준을 넘어, 고객의 신뢰를 장기적으로 확보하는 브랜드 자산이 된다.

DISC 인사이트 관점으로 바라본 고객의 여정

제품의 구매 단계별 전략을 살펴보면, 전혀 새로운 방식이라기보다는 이미 각 단계에서 실무적으로 활용되고 있는 요소들도 상당수 포함되어 있다. 즉, 단계별 전략은 기업에 비교적 익숙한 영역일 수 있으나, 전체 구매 여정을 일관된 흐름으로 연결한 종합적 판매 전략은 쉽게 드러나지 않는다. 하지만 이 구매 흐름을 정확히 이해하고 구조화할 수 있다면, 전반적인 구매 여정에 대한 전략적 대응이 단순한 추측이 아닌 예측 가능한 계획으로 발전할 수 있다.

결과적으로 고객의 여정은 설계 가능한 구조가 되며, 단계별 전략 또한 유기적으로 연결되어 실행력을 갖춘 체계로 자리 잡을 수 있다. AI 시대의 복잡하고 다변화된 고객 행동을 해석하기 위해서도, 디스크 인사이트는 여전히 가장 유효한 통찰의 출발점이 될 수 있다.

고객 불만 처리 과정에 적용하는 DISC 인사이트

고객 응대는 반복되는 루틴이 아니다. 많은 조직에서 고객 응대를 '표준화된 매뉴얼'로 접근한다. 고객 불만이 접수되면, 담당자는 규정된 응대 절차에 따라 확인하고 조치하며 사후 안내까지 일련의 프로세스를 따른다. 이 같은 절차 중심의 접근은 일정 수준의 서비스 일관성을 보장할 수 있지만, 실제 고객의 기대에 정확히 부합하는 데에는 한계가 있다. 그 이유는 무엇일까? 바로 '고객의 감정 흐름'과 '상황의 맥락'을 응대 프로세스 안에 제대로 반영하지 못하기 때문이다. 이 지점에서 디스크 관점은 기존의 고객응대 방식을 혁신적으로 재해석할 수 있는 유용한 도구가 된다.

고객의 불만을 처리하는 과정은 단순한 '문제 해결'이 아니다. 그것은 고객과의 신뢰 회복 과정이자, 브랜드에 대한 인식을 좌우

하는 핵심 순간이다. 특히 AI와 챗봇이 일상화된 시대일수록, 감정과 맥락을 이해하는 인간적인 대응이 더욱 중요해졌다. 이 장에서는 고객 불만 처리의 전형적인 흐름을 '접수 > 경청 > 사실 확인 > 조치 > 사후 안내'라는 5단계로 나누고, 단계마다 디스크의 4가지 속성(D, I, S, C)을 어떻게 적용할 수 있는지를 구체적으로 살펴보고자 한다. 이러한 구조적 접근은 서비스 일관성을 유지하면서도 개별 고객의 성향과 니즈를 섬세하게 반영하는 커뮤니케이션 전략이 될 수 있다.

1) 접수 단계
– 첫 반응은 S형(안정형)과 I형(사교형)의 관점에서

불만을 처음 접수하는 순간, 고객은 이미 감정적으로 예민해져 있을 가능성이 높다. 따라서 이 단계에서 가장 중요한 것은 고객의 불편에 공감하고, 열린 태도로 응대하는 것이다.

첫째, S형(안정형) 속성은 부드럽고 진정성 있는 공감을 전달하는 데 효과적이다. 예를 들어 "먼저 불편을 겪게 해드려 정말 죄송합니다. 고객님의 말씀을 끝까지 경청하겠습니다."와 같은 응대는 관계적 안정감을 형성하는 데 도움이 된다.

둘째, I형(사교형) 속성은 따뜻하고 긍정적인 에너지로 고객의 정서를 이완시킨다. "소중한 의견 감사드립니다. 작은 일이라도 놓

치지 않고 개선에 반영하겠습니다."와 같은 표현은 고객이 '존중받고 있다'는 인식을 갖게 한다.

이 단계에서 핵심은 '문제 해결'이 아니라, 고객이 '듣고 있다'는 인상을 받을 수 있도록 하는 것이다. 관계적 안정감이 형성되어야 그다음 단계로 자연스럽게 연결된다.

2) 경청 단계
– 감정과 사실을 분리하는 C형(신중형)과 S형(안정형)의 균형 감각

불만의 내용을 자세히 듣는 단계에서는 감정적으로 공감하는 동시에, 내용을 정확히 이해하고 정리하는 능력이 필요하다.

첫째, S형(안정형) 속성은 고객의 감정에 깊이 공감하며 진심 어린 반응을 끌어낸다. 예를 들어 "고객님의 말씀을 들으니 정말 불편하셨을 것 같습니다"와 같은 표현은 고객의 정서를 완화시킨다.

둘째, C형(신중형) 속성은 고객의 발화를 정리하고 핵심적인 정보로 구조화하는 데 필수적이다. "말씀하신 날짜와 상황을 정확히 정리해 보겠습니다"라는 접근은 객관성을 부여하고, 이후 대응의 근거를 마련해준다.

이 단계는 단순한 '경청'을 넘어서, 감정과 사실을 명확히 구분하고 문제 해결의 방향성을 잡는 기반이 되어야 한다.

3) 사실 확인 단계
- 논리와 기준 중심의 C형(신중형) 속성

적용 문제의 원인을 파악하고 정확한 사실을 확인하는 단계에서는 감정보다 논리와 객관성이 우선되어야 한다.

첫째, C형(신중형) 속성은 정확한 데이터와 내부 기준을 토대로 상황을 분석하는 데 중심 역할을 한다. 예를 들어 "내부 확인 결과, 배송은 3월 7일 오전 10시에 완료된 것으로 기록되어 있습니다. 그러나 출고 지연이 있었던 것은 사실입니다"라는 응대는 신뢰를 형성하는 기반이 된다.

둘째, C형(신중형)의 특성은 절차의 일관성을 유지하며, 모든 대응이 명확한 기준 위에서 이루어지도록 설계할 수 있다. 이는 감정적 혼선을 줄이고, 고객이 논리적으로 납득할 수 있는 환경을 제공한다.

이 단계는 응대의 객관적 신뢰도를 높이는 핵심 구간이며, 이후 조치 단계로의 전환을 자연스럽게 이끌어낸다.

4) 해결 단계
- 실행력과 명확성이 필요한 D형(주도형) 속성

문제의 원인을 확인한 후에는 신속하고 확실한 해결책을 제시해야 한다. 이 단계에서는 결단력 있는 대응이 필요하다.

첫째, D형(주도형) 속성은 빠른 판단과 실행을 통해 고객의 불안을 줄이는 데 효과적이다. 예를 들어 "바로 오늘 재배송 처리하겠습니다. 오후 5시 이전 수령 가능하도록 조치하겠습니다."와 같은 응대는 신속함과 확실성을 전달한다.

둘째, D형(주도형)의 행동 중심적 특성은 단순한 사과보다 '행동으로 보여주는 해결'을 중시하며, 고객이 문제 해결을 실감하도록 돕는다. 이때는 '즉시', '확실히', '책임지고'와 같은 키워드를 중심으로 커뮤니케이션을 구성하는 것이 효과적이다.

이 단계에서는 '행동을 통한 신뢰 회복'이 핵심이며, 실행의 속도와 명확성이 브랜드 신뢰에 직결된다.

5) 사후 케어 단계
– 재신뢰 형성을 위한 S형(안정형)과 I형(사교형)의 노력

문제가 해결된 이후에는 고객과의 관계를 회복하고, 긍정적 인식을 남기는 과정이 필요하다.

첫째, S형(안정형) 속성은 꾸준하고 성실한 마무리를 가능하게 하며, 진심 어린 사과와 재발 방지 의지를 전하는 데 효과적이다. 예를 들어 "불편을 드린 점 다시 한번 사과드립니다. 앞으로 더 나은 서비스로 보답하겠습니다."는 표현은 정서적 안정감을 전달한다.

둘째, I형(사교형) 속성은 고객의 감정을 긍정적으로 전환시키는 데 효과적이다. "이번 건으로 저희를 더 신뢰해 주시면 감사하겠습

니다. 작은 감사의 표시로 쿠폰을 보내드렸습니다."와 같은 표현은 고객의 만족감을 높이고 재구매로 이어질 가능성을 높인다.

이 단계의 핵심은 단순한 사후 관리가 아니라, 고객이 "그래도 이 회사는 다르다"는 신뢰를 느낄 수 있도록 만드는 것이다.

나는 개인적으로 불만고객 응대 단계에서 가장 중요한 단계를 마지막인 사후안내 단계로 판단한다. 어떤 기업이나 고객불만 무결점은 존재하지 않는다. 문제는 문제를 제대로 해결했느냐의 관점이 아닌 해결된 고객을 충성고객으로 전환하는 세심함을 챙기고 있는가이다. 단순히 제품과 별개로 내가 구입한 기업의 서비스 체험을 만족하게 했다면 재구매나 구전효과에 큰 긍정적 영향을 줄 것이다.

고객 불만 응대는 기업 입장에서 불편한 순간처럼 느껴질 수 있지만, 오히려 브랜드에 대한 긍정적 인식을 심어줄 수 있는 결정적인 기회다. 이 중요한 접점에 디스크 관점을 정교하게 적용한다면, 단순한 문제 해결을 넘어 고객 경험 전체를 혁신하는 계기로 삼을 수 있다.

디스크는 고객 응대의 '공감 언어'다 디스크 속성은 단순히 사람을 유형으로 분류하는 데 그치지 않는다. 고객의 기대, 감정, 사고 흐름을 구조적으로 이해하고, 그에 맞는 최적의 커뮤니케이션 방식을 설계할 수 있는 전략적 언어라고 생각하자.

회의 방식도 DISC 인사이트를 적용해 보자
- 회의의 흐름을 설계하는 DISC 인사이트

오늘날의 조직은 다양한 구성원이 협업하는 복잡한 생태계를 구성하고 있다. 그 생태계를 연결하는 중심에 있는 회의는 소통과 의사결정을 위한 핵심 도구로 기능하지만, 많은 회의가 비효율적이라는 비판을 받는다. 회의 시간이 길어지고, 때로는 다분히 형식적이고, 결론은 애매하며, 참석자들이 서로의 의견을 이해하지 못한 채 끝나는 경우도 적지 않다. 회의가 끝나면 남는 것은 피로감뿐인 경우가 많다. 나 역시 리더직 수행 시 수많은 회의에 참석하고 또는 주재하기도 하였지만 만족할 만한 결과를 도출해내는 회의는 그리 많지 않았다. 그렇다면 정말 문제가 회의 그 자체일까? 아니면 회의를 구성하고 이끄는 방식에 문제가 있는 것일까?

이 질문 앞에서 디스크 인사이트는 효율적인 방향을 제시한다. 디스크를 단지 성향 분류가 아닌, '행동의 흐름'과 '업무 구조'에 적용하는 사고방식으로 접근하면, 회의 방식 또한 전혀 다른 차원으로 혁신할 수 있다.

회의는 구조이고, 디스크는 흐름이다. 회의는 단순하게 3가지 단계로 나누어 볼 수 있다.
1) 준비 2) 진행 3) 의사결정 및 실행

각 단계에서 구성원이 필요로 하는 정보와 반응하는 방식은 모두 다르다. 이 차이를 디스크 속성으로 해석하면, 회의는 단순한 보고나 토론이 아닌 '맞춤형 행동 설계'가 된다.

1) 회의 준비 단계
– C형(신중형)+D형(주도형)의 명확한 구조 설계

회의의 질은 준비에서 결정된다. 이 단계에서는 C형(신중형)과 D형(주도형)의 속성이 핵심적으로 작동한다.

첫째, C형(신중형)은 논리와 구조에 민감하다. 회의 전에 아젠다를 명확히 설정하고, 관련 자료와 수치 기반 정보를 제공하면 몰입도가 급격히 향상된다. '무엇을 위해, 어떤 근거로 이 회의를 하는가'라는 질문에 대한 답이 명확할수록 이들은 회의에 적극적으로 참여한다.

둘째, D형(주도형)은 목적과 결과에 집중한다. 회의가 왜 필요한지, 어떤 의사결정을 내려야 하는지, 핵심 메시지는 무엇인지를 간단명료하게 제시하면 D형(주도형)은 빠르게 회의에 몰입한다. 이들은 흐름보다 방향성과 성과에 주목한다. 예를 들어 다음과 같은 회의 초대장은 두 유형 모두의 기대를 만족시킨다.

- ✓ **회의 목표:** 고객 불만 대응 프로세스 개선안 결정
- ✓ **사전 검토 자료:** 고객불만 사례 3건, 현행 프로세스 도식화
- ✓ **기대 산출물:** 개선안 2안 도출 및 우선순위 설정

이처럼 회의의 목적, 흐름, 자료, 기대 결과를 명확히 전달하면, C형(신중형)은 구조에 안심하고 D형(주도형)은 목표에 집중할 수 있다.

2) 회의 진행 단계
- I형(사교형)+S형(안정형)의 몰입 유도 흐름 설계

회의가 시작되면 모든 참석자가 자연스럽게 참여할 수 있는 분위기를 만드는 것이 중요하다. 이때는 I형(사교형)과 S형(안정형)의 속성을 중심으로 설계해야 한다.

첫째, I형(사교형)은 감정과 분위기에 민감하며, 흥미와 자유로운 표현을 선호한다. 유머를 섞거나 감성적인 사례를 활용해 관심을 유도하고, 단답형 질의응답보다 이야기와 공감 중심의 흐름을 구성하는 것이 효과적이다. 아이디어 제시를 격려하고, 창의적 발언을 긍정적으로 반응해야 한다.

둘째, S형(안정형)은 예측 가능한 흐름과 평등한 참여를 선호한다. 갑작스러운 주제 변경이나 특정 인물 중심의 독점적 발언은 이들에게 불안감을 줄 수 있다. 이들에게는 발언 순서를 안내하고, 말할 기회를 구조적으로 보장해 주는 장치가 필요하다. 예를 들어 다음과 같은 회의 진행 방식은 두 유형 모두의 몰입을 유도한다.

✓ **아이스브레이킹 질문:** 최근 고객 클레임 중 기억에 남는 사례가

있나요?
- ✓ **발언 구조 안내:** 오늘은 부서 순서대로 한 분씩 말씀 주시면 좋겠습니다.
- ✓ **자유 토론 시간:** 10분간 자유롭게 의견 주시고, 이후 핵심 키워드 정리하겠습니다.

이렇게 감정(I)과 안정(S)의 균형을 맞추면 회의는 단순한 절차가 아니라 몰입을 유도하는 상호작용의 장이 된다.

3) 의사결정 및 실행 단계
– D형(주도형)+C형(신중형)+S형(안정형)의 실행 연동 설계

회의는 의사결정이 마무리되어야 비로소 실행이 가능해진다. 회의 이후 실제로 행동이 이루어지지 않으면, 회의는 시간 낭비에 불과하다. 이 마지막 단계에서는 D형(주도형), C형(신중형), S형(안정형)의 조합이 요구된다.

첫째, D형(주도형)은 결정과 실행에 민감하다. 결론을 명확히 정리하고, 책임자 지정 및 실행 일정을 공지하면 D형(주도형), 은 즉시 실행 모드로 전환된다. 예를 들어 "고객불만 접수 프로세스를 온라인 중심으로 전환하기로 했습니다"와 같이 요점을 정리하고, "3일 내 초안 작성: A팀/검토: B팀/배포: 금요일" 식으로 책임과 기한을 명시해야 한다.

둘째, C형(신중형)은 실행을 위한 세부 기준과 내용 정리에 집중한다. 회의록은 구조화되어야 하며, 핵심 용어와 근거, 결정 이유가 명확히 포함되어야 한다. "회의 요약본은 시스템에 업로드했습니다. 확인 후 피드백 부탁드립니다"와 같은 안내는 이들의 불확실성을 줄인다.

셋째, S형(안정형)은 관계와 마무리의 정서적 안정에 주목한다. 회의가 충돌 없이 마무리되고, 존중과 감사의 메시지가 전달되면 이들은 다시 팀에 대한 신뢰를 회복한다. "오늘도 서로의 입장을 존중해 주셔서 감사합니다"와 같은 메시지를 그 예로 들 수 있다. 이 단계의 핵심은 단지 정보를 정리하는 것이 아니라 실행에 옮기기 위한 '행동의 설계'와 '정서의 회복'을 동시에 수행하는 것이다.

회의는 디스크의 실험실이다. 회의는 조직에서 가장 자주 반복되는 활동이면서도, 가장 쉽게 개선할 수 있는 구조 중 하나다. 단지 디스크 유형을 구분하는 데 그치지 않고, 회의의 흐름 자체에 디스크 인사이트를 반영하면 조직은 회의 문화에서부터 깊은 변화를 경험하게 될 것이다.

이번 사례에서는 디스크의 속성을 적용한 회의 진행 방식과 동시에 회의에 참석하는 유형의 몰입도를 높이는 관점에서 행동유형과 속성의 2가지를 종합해서 서술해 보았다. 이제 이론과 진단검사 그리고 속성(인사이트)의 3가지 영역에서 디스크를 살펴볼 수 있을 것이다.

회의 준비 단계	회의 진행 단계	의사결정 및 실행 단계
C형 + D형의 명확한 구조 설계	I형 + S형의 몰입 유도 흐름 설계	D형 + C형 + S형의 실행 연동 설계

세대 간 소통, DISC 인사이트로 접근하다

조직 내 소통은 시대에 따라 변화해 왔다. 과거에는 주로 직무나 직책, 또는 조직문화의 차이가 소통의 주요 변수였다면, 최근에는 세대 간의 가치관 차이가 더욱 중요한 과제로 부각되고 있다. 특히 MZ세대와 중장년층 간의 언어, 일하는 방식, 업무에 대한 태도 차이는 단순한 세대 갈등을 넘어 생산성과 지속 가능성에 실질적인 영향을 미치고 있다.

이러한 상황에서 우리는 과연 어떤 방식으로 세대 차이를 이해하고 조율해야 할까? 기존의 리더십 이론이나 일반적인 커뮤니케이션 기술만으로는 해결되지 않는 복잡한 양상이 나타나는 지금, 디스크는 그 해법을 제시할 수 있는 강력한 사고 도구가 된다. 물론 여기서 적용한 관점은 단순한 행동유형의 분류 도구로서의 디스크가 아니라, 사람의 소통 속성과 기대 반응을 해석하고 설계하는 유연한 인사이트로서의 디스크, 곧 '디스크 인사이트'다.

1) DISC는 세대 언어를 해석하는 틀이다

디스크의 D형(주도형), I형(사교형), S형(안정형), C형(신중형)이라는 4가지 행동 속성을 중심으로 이 속성이 소통의 기대 방식에 어떤 영향을 미치는지를 분석하는 것이 중요하다. 이를 통해 각 세대가 커뮤니케이션 상황에서 무엇을 중시하고, 어떤 방식으로 반응하는지를 예측할 수 있다.

예를 들어, MZ세대는 디지털 네이티브로서 빠른 반응, 감정 교류, 자기표현을 중요시하며, 피드백과 동기부여가 즉각적이고 긍정적이기를 원한다. 이러한 특성은 첫째, D형(주도형)의 실행 중심 속성과 둘째, I형(사교형)의 감정 교류와 긍정 표현 속성과 맞닿아 있다. 반면 중장년층은 경험의 누적, 구조적 절차, 관계의 지속성에 가치를 둔다. 이는 첫째, C형(신중형)의 논리적 구조와 검증 중심 속성, 둘째, S형(안정형)의 안정감과 예측 가능성 속성으로 해석할 수 있다. 디스크 관점에서 각 세대의 커뮤니케이션 속성을 이해하면, 세대를 구분 짓는 기준이 편견이 아닌, 조율을 위한 언어 도구로 전환된다.

예를 들어, 보통 우리는 세대 차이를 얘기할 때 "요즘 친구들은 왜 저래?", "꼰대 같아", "요즘은 이런 걸 몰라?" 같은 감정 섞인 판단으로 접근하기 쉽다. 이때 '세대'는 '갈등을 만드는 기준'처럼 느겨진다. 즉, 세대를 나누는 기준이 편견과 선입견이 되는 것이다. 그런데 디스크 인사이트를 활용하면 세대 차이를 성향의 차이로 바라보고 '이 세대는 이런 표현을 더 선호하겠구나', '이 연령대는 이런 구조에 익숙하겠구나' 하고 조율 가능한 커뮤니케이션 전략을 세울 수 있게 된다. 즉, 세대를 나누는 것이 '판단'이나 '갈등'을 위한 기준이 아니라 '서로를 이해하고 다가가기 위한 대화의 언어'로 바뀐다는 의미이다.

2) 실제 사례로 보는 세대 간 DISC 속성 충돌

한 중견 기업의 회의에서 있었던 일이다. 50대 김부장은 회의 전에 자료 조사를 요청하고 이를 정리해 오도록 했다. 그러나 20대 김대리는 자유로운 아이디어 공유를 선호했고, 회의 중 준비 없이도 의견을 활발히 제시했다. 이 상황에서 부장은 준비가 안 된 상태를 비효율적이라 판단하며 질책했고, 대리는 틀에 박힌 회의 방식이 자신의 창의성을 억누른다고 반발했다. 이 갈등을 디스크 인사이트로 해석하면 다음과 같다.

부장은 첫째, C형(신중형)의 절차 존중과 근거 기반의 신뢰 구축 속성, 둘째, S형(안정형)의 관계 유지와 예측 가능한 질서 중시 속성에 따라 사전 준비를 강조한 것이다.

반면 대리는 첫째, I형(사교형)의 즉흥성, 감정 표현, 긍정적 참여

중심 속성, 둘째, D형(주도형)의 빠른 실행과 자율적 판단 선호 속성에 기반해 자유로운 의견 개진을 시도한 것이다.

만약 이들이 서로의 디스크 기반 소통 속성을 이해하고 있었다면, 부장은 발언의 자유도를 고려한 유연한 회의 구조를 제안했을 것이고, 대리는 핵심 아이디어를 간략히 정리해 사전에 공유했을 수 있다. 이는 디스크가 세대 소통의 조율 도구로 활용될 수 있음을 긍정적으로 보여주는 사례이다.

3) DISC 속성 기반 세대 소통 전략

세대 간 소통에서 디스크 속성을 적용한 전략은 다음과 같이 정리할 수 있다.

MZ세대는 첫째, D형(주도형)의 빠른 실행과 즉각 피드백 기대 속성, 둘째, I형(사교형)의 감정 공유, 긍정 언어 선호 속성을 보인다. 이에 따라 실시간 반응, 감정적 표현의 존중, 실험의 기회를 제공하는 소통이 효과적이다.

중장년층은 첫째, C형(신중형)의 논리 기반 구조화 속성, 둘째, S형(안정형)의 예측 가능한 관계 지속 속성을 보이며, 이에 따라 명확한 근거 제시, 절차 준수, 경력 인정의 언어가 소통의 신뢰를 만든다. 예를 들어, 피드백을 줄 때 MZ세대에게는 "이 아이디어는 정말 좋았어요, 다만 이 부분을 이렇게 개선해 보면 더 멋질 것 같아요"와 같이 긍정 제안형 언어(I형)를 사용하고, 중장년 관리자에게는 "기존 방식과 비교할 때, 이 변경은 이런 구조적 효과가 기대됩니다"와 같은 논리 중심 언어(C형)가 더 설득력을 갖는다. 회의, 교육, 브리핑, 멘토링 등 모든 조직 내 커뮤니케이션 상황에서 디스크 기반 속성 차이를 반영한 설계가 필요하다. 물론 일방향이 아닌 양방향의 소통이 전제되어야 한다.

4) 세대 공감의 언어

세대 갈등은 사실 '틀림'이 아니라 '다름'에서 비롯된다. 누군가 대화 중 끊임없이 요점을 말하려 한다면, 그것은 D형(주도형)의 실행 지향 속성일 수 있고, 누군가 너무 신중하고 말수가 적다면, C형(신중형)의 검토 지향 속성이 작동 중일 수 있다. 반응이 느리다고 답답해할 것이 아니라, 어떤 속성이 작동하고 있는지를 이해하는 것이 소통의 시작이다.

디스크 인사이트는 갈등을 해석하는 언어이자, 조직 내 공감의 새로운 방향이다. 그것은 인간 중심의 소통 복원을 위한 실천 도구이며, 연차나 세대, 직책을 넘는 '조직문화의 리듬'을 새롭게 설계할 수 있는 전략적 틀이다. 세대 간의 소통은 많은 내용을 포함하고 있으나 이 책에서의 주제는 디스크 관점이므로 디스크 유형별 속성에 따른 시사점만 언급하기로 한다.

[표9] 세대간 특징과 소통전략

구분	MZ세대	중장년층
특징	디지털 네이티브 빠른 반응·자기표현·감정 교류 중시 즉각적이고 긍정적인 피드백 선호	경험과 절차 중시 관계 지속성·예측 가능성 강조 근거와 신뢰 기반
갈등원인	중장년층의 경직된 방식에 반발	MZ세대의 즉흥적·비형식적 태도를 비효율로 인식
DISC 해석	D형: 빠른 실행, 자율성 선호 I형: 감정 공유, 긍정 언어	C형: 근거·논리 중심 S형: 안정감, 관계 유지
효과적 소통전략	빠른 실행과 즉각적인 피드백 감정적 표현 존중 긍정 제안형 언어	명확한 근거 제시 절차 준수 경력 인정 언어

커리어 성장과 DISC 인사이트
- 혼란의 시대, 나만의 사고 도구를 갖는다는 것의 의미

지금 우리는 역사상 가장 많은 정보를 가장 빠르게 접할 수 있는 시대를 살고 있다. 스마트폰 하나면 세상의 거의 모든 지식과 데

이터를 손에 넣을 수 있고, 인공지능은 복잡한 문제를 단 몇 초 만에 요약해 주는 도우미가 되었다. 학습, 회의, 자료 정리, 보고서 작성까지… 수많은 일들이 디지털 자동화로 처리되는 현실 속에서, 당신의 업무 속도는 매우 신속해질 수 있을 것이다. 그러나 우리에게 진짜 필요한 것은 단순한 지식이나 기술이 아니다. 이제 진정한 경쟁력은 '무엇을 아는가'가 아니라 '어떻게 보는가', 즉 해석의 능력에 달려 있다. 정보의 평준화 시대, 결국 사람을 구분 짓는 것은 정보의 양이 아니라 관점의 질, 다시 말해 인사이트의 수준이다.

많은 사람이 인사이트를 특별한 통찰, 날카로운 직관 혹은 정답에 가까운 해석이라 여긴다. 하지만 인사이트는 '정답'이 아니다. 오히려 인사이트란 복잡한 현상을 구조화하고, 혼란 속에서도 본질을 잃지 않는 사고의 틀, 즉 세상을 바라보는 프레임이다. 바로 이 지점에서 디스크 인사이트는 커리어 성장에 있어 가장 중요한 전략 도구라고 나는 말하고 싶다.

"디지털로 정답은 쏟아지는데, 정작 조직과 사회는 무엇을 먼저 해야 할지 결정하지 못하고 있다. 기술은 넘쳐나지만, 방향을 제시하는 '사고의 기준'은 없다." 이는 단지 기술의 문제가 아니라 해석의 부재, 즉 생각의 구조가 사라진 데서 오는 위기다. 우리가 직면한 대부분의 커리어 혼란은 역량 부족이 아니라 기준의 부재에서 비롯된다. 무엇을 먼저 보고, 어떤 관점으로 정리하고, 어떤 언어로 전달할 것인지의 체계가 없다면, 아무리 많은 지식과 데이터도 결국 흩어진 조각에 불과하다.

100년 된 디스크 이론을 이제는 너무 낡아버린 이론이라 생각할 수 있다. 하지만 중요한 것은 이 이론의 기원이 아니라 지속성이다. 디스크는 그 어떤 최신 기법보다도 '사람이 일하는 방식'을 정직하게 들여다보는 구조를 지니고 있다. 기술이 아무리 발전해도, 조직 안에서 문제를 해결하는 것은 결국 '사람'이며, 업무를 조율하고 협업을 이끌어내는 것도 '관계'다. 그리고 그 관계는 다시 '소통', '의사결정', '실행', '피드백'으로 연결된다. 이 모든 지점에서 디스크는 역설적으로 가장 강력한 해석 도구로 기능할 수 있다. 지금 이 시대에 우리가 디스크 인사이트를 다시 꺼내 들어야 하는 이유는 단 하나다. 기술은 계속 발전하고 있지만, 인간에 대한 해석은 여전히 부족하기 때문이다. 커리어의 성장은 단순한 스펙 쌓기가 아니라, 자기 사고를 확장하고, 세상을 바라보는 기준을 세워가는 과정이다. 그리고 그 기준이 바로 디스크 인사이트가 될 수 있다.

1) DISC 인사이트는 커리어 성장의 프레임이 된다
- 혼란스러운 시작, 디스크 인사이트로 사고를 정리하라

직무를 준비하거나 막 업무에 발을 들인 이들에게 가장 큰 두려움은 무엇일까? 대부분은 '아직 능력이 부족해서'라는 생각을 떠

올릴 것이다. 하지만 실제로는 무엇을 해야 할지 모르는 막막함, 어디서부터 시작해야 할지 불분명한 상황이 더 큰 심리적 부담으로 다가온다. 업무의 난이도보다도, 그것을 풀어갈 '생각의 출발점'을 찾지 못하는 것이 더 큰 장애물일 수 있다.

이럴 때 필요한 것은 실행력이 아니라 사고의 안정감이다. 여기에서 디스크 인사이트는 단순한 행동 팁이나 성향 분석을 넘어, 문제를 바라보는 기준이 되어준다. 디스크는 우리가 흔히 아는 것처럼 사람을 4가지 유형(D, I, S, C)으로 나누는 검사 도구만이 아니다. 그보다 중요한 것은 이 4가지 속성이 보여주는 사고방식과 접근 구조다. 이를 바탕으로 복잡한 상황을 '어떻게 풀어갈 것인가'를 설계할 수 있다. 예를 들어, 한 신입사원이 상사로부터 '사내 교육 콘텐츠 기획안'을 만들어오라는 과제를 받았다고 해 보자. 이 과제는 정해진 답이 없고, 방향도 다양할 수 있다. 무엇부터 해야 할지 막막한 상황, 이때 디스크 인사이트는 다음과 같은 사고 흐름을 제시한다.

첫째, C형(신중형)의 속성으로 시작하라.
문제를 객관적으로 분석하고, 관련 데이터를 조사하며, 목적과 필요성을 정리한다. 예를 들어, 교육 대상은 누구인가? 이 교육이 왜 필요한가? 유사한 기획 사례는 무엇이 있었는가? 라는 질문부터 출발하는 것이다. 이 단계에서는 감정보다 논리가 중심이다.
둘째, D형(주도형)의 속성으로 방향을 정리하라.

전체 기획의 골격을 빠르게 설정한다. 어떤 주제를 중심으로 기획할 것인지, 어떤 핵심 메시지를 전달할 것인지, 기대하는 변화는 무엇인지 결단력 있게 구체화한다. 이 과정은 실행을 향한 '그림'을 그리는 단계다.

셋째, S형(안정형)의 속성으로 실행계획을 세워라.

어떤 자료가 필요한지, 어떤 순서로 준비할 것인지, 누구와 협업할 것인지 등을 차분히 정리한다. 실무는 늘 세부 계획에서 승패가 갈린다. 이때 S형의 속성은 신뢰를 쌓고, 혼란을 줄이며, 실현 가능성을 높이는 역할을 한다.

넷째, I형(사교형)의 속성으로 공유 방식을 설계하라.

상사나 동료에게 기획안을 어떻게 전달할 것인가? 발표는 어떤 톤으로 할 것인가? 발표에서 분위기를 부드럽게 하거나, 청중의 공감을 끌어낼 장치는 무엇인가? 이때는 형식이 아닌 관계와 감성의 흐름이 중요하다.

이처럼 디스크 인사이트는 업무를 '어떻게 해야 할지 모르겠다'는 막연함에서 벗어나, 사고의 순서와 근거를 만들어주는 도구가 된다. 실제 성과는 뛰어난 능력보다는, 일을 바라보는 관점과 흐름을 얼마나 잘 설계하느냐에 달려 있는 경우가 많다. 직무 초년생에게 디스크 인사이트는 불안한 사고의 물줄기를 정리해 주는 지도와 같다. 이 지도 안에서 각자의 방식으로 길을 찾고, 자신만의 업무 스타일을 만들어가는 것. 그것이 성장의 시작이자, 진짜 실력을 만들어가는 첫걸음이다.

2) DISC 인사이트는 '과정 중심' 사고를 위한 프레임이다

우리는 종종 커리어를 이야기할 때, 그 끝에 도달한 사람의 모습을 먼저 떠올린다. 화려한 성과, 돋보이는 자격증, 고액 연봉, 명확한 직무 타이틀 등 그러나 모든 것은 커리어의 외형에 불과하다. 정작 중요한 질문은 이것이다. "그 사람은 어떤 과정을 거쳐 거기에 도달했는가?"

커리어는 단순한 결과물이 아니라 과정의 연속이다. 문제를 어떻게 바라보고, 어떤 방식으로 풀어나갔으며, 관계 속에서 어떻게 협업하고 소통했는지가 커리어의 진짜 내용이다. 즉, 커리어의 핵심은 '무엇을 이뤘는가'보다 '어떻게 이뤘는가'에 있다. 이 책은 그런 점에서 전통적인 커리어 전략서와는 출발점이 다르다. 여기에는 더 나은 이력서를 쓰는 법도, 입사 시험에서 우위에 서는 팁도 없다. 그 대신 디스크 인사이트를 기반으로 한 과정 중심 사고법에 집중한다. 이는 커리어를 단단하게 뿌리내리게 하는 내적 기준이며, 어느 조직, 어느 산업군에서도 적용 가능한 보편적 사고의 틀이다.

디스크 인사이트는 다음과 같은 과정을 반복 훈련할 수 있도록 도와준다.

첫째, 문제의 본질을 파악하는 시선을 기른다.

D형(주도형)과 C형(신중형)의 관점은 복잡한 현상을 구조화하고, 문제의 핵심을 빠르게 포착할 수 있게 해준다.

둘째, 관계 속 갈등을 해석하고 조율하는 감각을 키운다.

I형(사교형)과 S형(안정형)의 속성은 타인의 감정을 읽고, 긴장된 흐름을 유연하게 풀어가는 데 효과적이다.

셋째, 협업의 질을 높이는 흐름 설계 능력을 제공한다.

각 유형의 강점을 조화롭게 배치하면, 팀워크는 단순한 협조를 넘어 시너지를 창출하는 구조로 발전한다.

넷째, 전체 흐름 속에서 자신의 역할을 명확히 인식하는 자기 인식 능력을 강화한다.

디스크 인사이트는 '나는 어떤 방식으로 일하는 사람인가', '조직 안에서 나의 기여 방식은 무엇인가'를 자각하게 만든다.

이러한 훈련은 단지 직무 역량을 높이는 데 그치지 않는다. '자기 이해 → 관계 이해 → 구조 이해 → 실행 전략'이라는 단계적 사고 훈련을 통해, 초보 직무자뿐만 아니라 이제 막 사회에 발을 디딘 신입사원, 혹은 방향을 재설정하려는 직장인에게도 생애 전반의 커리어 내비게이션 역할을 한다. 디스크 인사이트는 결국, 결과를 만드는 힘이 아닌, 과정을 설계하는 힘이다. 그리고 이 힘이야말로, 누구도 흔들 수 없는 나만의 경쟁력이며, 앞으로의 커리어를 진정으로 성장하게 할 가장 현실적인 전략이 될 것이다.

- 인력 감축이 아닌 정예화의 시대
- 리더십의 변화, 피할 수 없는 선택 앞에 선 우리
- 새로운 인재상 – 선한 영향력을 가진 사람

DISC insight

Organizational Perspective

Relationship Perspective

Self

7장

리더십의 변화

AI 시대, 인력의 감축이 아닌 정예화의 시대

한때 '많은 사람이 모여 함께 일하는 것'이 곧 조직의 힘이던 시절이 있었다. 산업화 시대의 조직은 규모의 경제를 바탕으로 성장했고, 인력 수는 곧 생산성과 직결되었다. 그때의 조직은 일사불란한 분업 구조 위에 세워졌고, 구성원은 각자 정해진 역할을 반복적으로 수행함으로써 전체 시스템의 한 축이 되었다. 그리고 우수한 성과를 낸 모델을 복제하여 따라하기 열풍이 일기도 했다. 그러나 지금 우리는 전혀 다른 국면에 들어서 있다. AI와 자동화 기술이 보편화되면서 단순하고 반복적인 업무는 더 이상 사람이 수행할 일이 아니다. 수많은 기업이 챗봇, 자동 보고 시스템, 로봇 프로세스 자동화 등을 도입하면서 기존 업무 구조가 근본적으로 변화하고 있다. 이 변화는 단순히 기술의 발전을 의미하지 않는다. 조직을 바라보는 방식 자체가 바뀌고 있다는 것이다.

과거에는 '얼마나 많은 우수 인력을 확보했는가'가 경쟁력이었다면, 이제는 '얼마나 정예화된 팀을 구성했는가'가 핵심 경쟁력이 되었다. 기업은 더 이상 숫자에 의존하지 않는다. 오히려 적은 인원으로 더 큰 성과를 낼 수 있는 구조, 그 안에서 유연하게 협업하고 전략적으로 사고할 수 있는 인재를 중심으로 조직을 재설계하고 있다. 바야흐로 '인재 정예화의 시대'다. 단순히 인력을 줄이는 '감축'과는 결이 다르다. 정예화는 '수는 적지만 강한 사람'으로 조직을 구성하는 방식이며, 이는 인력의 수를 줄이겠다는 전략이 아니라, 조직의 질을 바꾸겠다는 선언이다.

정예화된 조직 구조에서는 직무 역할이 더욱 명확해진다. 루틴한 일은 기계가 대신하고, 인간은 그 위에서 판단, 전략, 조율을 담당한다. 이러한 구조 속에서 모든 구성원이 모두 미래를 함께 가기는 어려운 일이다. 자연스럽게 조직은 요구한다.

- ✔ 이 사람은 어떤 사고의 틀을 가지고 있는가?
- ✔ 협업과 갈등 상황에서 어떤 영향력을 발휘하는가?
- ✔ 변화 앞에서 이 사람은 얼마나 유연한가?

기업이 기대하는 인재상은 변화되고 있다. AI와 함께 일할 줄 아는 사람, 복잡한 문제를 구조화할 줄 아는 사람, 그리고 타인과의 관계 속에서 조율력과 영향력을 발휘할 수 있는 사람이 진정한 인재로 대우받을 것이다.

스펙보다 중요한 것은 '영향력'과 '유연성'

한때 학벌, 자격증, 연차는 이력서를 빛나게 해주는 대표적인 지표였다. 하지만 지금의 기업들은 '이 사람은 실제로 조직 안에서 어떤 성과를 만들어내는가?' '어떤 상황에서도 흐름을 잃지 않고 변화에 맞추어 조율할 수 있는가?'를 묻는다. 실제로 많은 기업의 면접 질문은 이제 다음과 같다.

> 당신은 팀 내에서 어떤 방식으로 문제를 풀어나갈 수 있습니까?
> 예기치 않은 변화에 직면했을 때, 어떻게 대처하시겠습니까?
> 갈등 상황에서 어떤 식으로 협업과 조율을 시도하시겠습니까?

이 질문들은 단순히 실무 능력을 점검하는 것이 아니다. 그 사람의 사고 흐름, 태도, 관계 방식—즉 '보이지 않는 영향력'과 '관계 속 유연성'을 보는 것이다. 정예화된 조직 안에서는 혼자만 잘하는 사람이 아니라 함께 잘할 수 있도록 설계할 줄 아는 사람이 필요하다. 그것이 바로 '함께 성장할 수 있는 구조'를 이해하는 인재다.

정예화 시대의 인재는 무엇으로 판단되는가

이제는 한 줄 스펙이나 화려한 경력보다는, 내면에 자리 잡은 보이지 않는 역량이 더 큰 힘을 발휘 할 것으로 판단되며 다음의 3가지로 압축할 수 있다.

첫째, 자기주도성
누군가가 지시하기 전에도 스스로 방향을 설정할 수 있어야 한다. 일의 목적과 흐름을 이해하고, 상황에 맞추어 우선순위를 조율하며, 자신의 커리어를 능동적으로 설계할 줄 아는 사람. 정예화된 조직에서는 이러한 자기주도성이 곧 생존력과 직결된다. 타인의 지시에만 의존하는 사람은 변화 속도가 빠른 환경에서 금세 뒤처질 수밖에 없다.

둘째, 관계 조율 능력
조직에서 일하는 한, 성향 차이와 의견 충돌은 피할 수 없다. 특히 긴박한 일정과 높은 압박 속에서도 감정을 상하게 하지 않으면서 갈등을 '긍정적인 긴장'으로 전환할 수 있는 능력은 더욱 중요시된다. 이 능력을 지닌 사람은 소통의 흐름을 주도하고, 협업의 시너지를 만들어내며, 팀 전체를 하나의 목표로 묶어낸다. 이것은 단순한 말솜씨나 친화력 이상의 역량이다. 조율 능력은 결국 조직 내 신뢰를 쌓는 기반이 된다.

<u>셋째, 실행력과 책임감</u>

아이디어를 말하는 것과 그것을 실제로 실행하는 것은 전혀 다른 차원이다. 정예화된 인재는 '말'보다 '실행'에 강하다. 책임지는 태도로, 끝까지 해내는 힘으로 성과를 완성한다.

이 3가지 역량은 모두 기술 중심의 스킬이 아닌 태도와 사고방식 중심의 힘이다. 이것은 학벌로 증명되지 않고, 자격증으로도 판별되지 않는다. 현장에서 드러나고, 관계 속에서 증명되며, 실질적인 리더십과 영향력으로 최종 평가된다. 지금까지 이 책을 읽은 독자라면 위의 3가지 역량을 관통하는 단어가 디스크인 것을 이제는 명확하게 이해할 수 있을 것이다.

리더십의 변화, 피할 수 없는 선택 앞에 선 우리

AI 시대, 그리고 그 중심에 선 우리는 끊임없는 선택의 갈림길에 선다. 그중에서도 '리더십'이라는 단어는 여전히 많은 사람에게 부담스럽고 어렵게 다가온다. 특히 MZ세대를 비롯한 직무 초년생들은 '리더'라는 자리를 멀리서 바라보며, 자신과는 거리가 있는 위치로 인식하는 경우가 많다. 실제로 최근의 조직문화 속에서는 리더 역할을 꺼리거나, 스스로 원하지 않는 이들이 늘어나고 있다. 하지만 정말 리더는 '선택 가능한 역할'일까? 아니면 우리가 피할 수 없는 인생의 역할 중 하나일까?

리더십은 더 이상 '권한'의 다른 이름이 아니다

불과 십수 년 전까지만 해도, 리더십은 조직 내 '직책'과 거의 동일시되었다. 직급이 올라가면 자연스럽게 권한이 따라왔고, 그 권한은 말 그대로 지시하고 통제할 수 있는 힘의 상징이었다. 조직이 부여한 자리에서 리더는 자신의 위치를 기반으로 일을 나누고, 판단하며, 관리했다. 그러나 지금은 그 구조 자체가 무너지고 있다. AI가 실시간으로 데이터를 분석하고, 자동화가 업무의 속도를 결정하는 시대. 이런 시대에 '단지 자리에 앉아 있는 리더'는 더 이상 존중받기 어렵다. 이제 리더는 권한으로 존재하는 사람이 아니라, '역량으로 인정받는 사람'으로 변화하고 있다. 실제로 많은 조직에서 직책은 있지만 실질적인 리더십이 부재한 경우가 늘고 있으며, 구성원은 '누가 권한이 있는가'보다 '누가 실질적인 영향을 미치는가'를 중심으로 판단의 중심도 변하고 있다. 즉, 리더십은 더 이상 자격이 아니라, 실력과 태도 2가지 모두를 평가받는 시대가 된 것이다.

MZ세대의 리더 기피 현상, 그 안에 숨은 오해

리더가 되면 책임이 늘고, 실수에 대한 부담도 커진다. 그래서일까? MZ세대 중 많은 이들은 '굳이 리더가 되지 않아도 괜찮다'고 말한다. 회의에서 의견을 내지 않거나, 중요한 결정을 다른 사람에게 미루는 모습도 종종 보인다. 그들은 이렇게 이야기한다.

"책임은 부담스럽고, 나는 자유롭게 일하는 게 좋아요."

겉으로 보면 이는 회피처럼 보일 수 있다. 그러나 깊이 들여다보면, 이런 태도는 단순한 '책임 회피'에서 비롯된 것이 아니다. 그 안에는 리더십에 대한 오해와 조직문화에 대한 불신이 함께 자리 잡고 있다. 많은 사람이 '리더'라는 단어를 들으면 조직의 최고 책임자나 팀장 같은 특정 직위를 떠올린다. 이 때문에 리더십을 발휘하는 것은 '자리'와 '위치'가 주어졌을 때만 가능한 일이라고 생각한다.

하지만 실제로 리더십은 특정 직위에 있는 사람만의 전유물이 아니다. 가정에서 가족의 중요한 결정을 이끌 때, 친구 모임에서 여행 계획을 조율할 때, 또는 작은 프로젝트팀에서 역할을 분배하고 마무리를 챙길 때도 우리는 모두 '리더'의 역할을 맡는다. 리더십은 직위가 아니라 태도와 자세에서 비롯된다. 책임을 지고, 상황을 분석하며, 사람들의 의견을 조율하고, 목표를 향해 나아가도록 돕는 모든 행동이 리더십이다. 다시 말해, 리더십은 '누군가 위임해 주는 권한'이 아니라 스스로 발휘하는 영향력이다.

MZ세대가 리더 역할을 꺼리는 이유 중 하나는 과거 리더의 모습이 '희생'과 '과도한 책임'에 집중되어 있었기 때문이다. 윗세대가 보여준 리더십은 대개 "내가 다 책임질 테니 따라오라"는 방식이었다. 이 과정에서 리더는 업무와 사람 사이에서 끊임없이 압박을 받았고, 개인의 삶보다 조직의 목표를 우선시해야 했다. MZ세대는 이러한 모습을 지켜보며 자라왔다. 그 결과, '리더=과도한 희생과 스트레스'라는 공식이 머릿속에 각인됐다. 그래서 그들은 '굳이 리더가 되지 않아도 괜찮다'는 선택을 자연스럽게 하게 된다.

그러나 이러한 생각은 리더십의 본질을 놓친 것이다. 리더십은 누군가를 통제하거나 모든 책임을 짊어지는 것이 아니라, 함께 성장하는 길을 만드는 것이다. 책임과 권한이 균형을 이루고, 구성원 각자가 잠재력을 발휘할 수 있는 환경을 조성하는 것 역시 리더의 중요한 역할이다. 리더십은 홀로 발휘되는 것이 아니라 관계 속에서 작동한다. 타인의 의견을 경청하고, 다른 사람의 강점을 살려주며 필요할 때는 방향을 제시하는 것, 이 모두가 리더십의 일부다.

예를 들어, 팀에서 새로운 아이디어를 제안하고 그 실행계획을 만들어 가는 사람은 직위와 상관없이 이미 리더십을 발휘하고 있는 것이다. 이처럼 리더십은 일상의 작은 순간에서도 빛을 발한다. MZ세대의 리더십에 대한 오해를 풀기 위해서는, 리더십의 개념을 다시 정의할 필요가 있다. '리더십은 권력이 아니라 영향력이다.' 즉 권력은 위에서 아래로 흐르지만, 영향력은 어느 방향으로든 흐를 수 있다.

리더십은 도전해야 할 가치 있는 역할이다

AI 시대의 리더는 더 이상 과거의 전형적인 리더상이 아니다. 모든 것을 꿰뚫고 있어야 한다는 부담에서 벗어나야 하며, 구성원을 통제하거나 일방적으로 지시하는 방식도 더 이상 유효하지 않다. 우리는 지금, 완전히 다른 리더십의 시대에 접어들었다. 오늘날의 리더는 '모든 걸 아는 사람'이 아니라 모르는 것을 빠르게 이해하고, 알아야 할 것을 함께 탐색하는 사람이어야 한다. 변화가 빠르고 정보가 넘쳐나는 디지털 환경 속에서, 정답은 단 하나가 아니며 문제 자체가 끊임없이 바뀐다. 그렇기에 지금의 리더는 스스로가 완벽해지는 데 집중하기보다는, 구성원들과 전략적으로 소통하며, 서로의 생각을 연결하고 의미를 만들어가는 사람이 되어야 한다.

새로운 관점에서 보면 진정한 실력자가 리더로 인정받는 시대가 열린 것이다. 특히 디지털 기술이 급속도로 확산되고 있는 오늘날, 조직과 구성원의 관계에도 큰 변화가 일어나고 있다. 이제는 '조직이 사람을 선택하는' 시대가 아니라, '사람이 조직을 선택하는' 시대다. 능력 있는 구성원은 더 이상 한 조직에 얽매이지 않는다. 진정한 가치를 실현할 수 있는 곳을 찾아, 자신이 원하는 방식으로 커리어를 설계한다. 반대로, 실력 있는 리더가 없거나, 리더의 사고가 닫혀 있는 조직은 더 이상 구성원을 붙잡아 둘 수 없다.

많은 사람이 리더가 되면 '모든 것을 잘해야 한다'고 생각한다. 그러나 진정한 리더는 완벽한 사람이 아니다. 오히려 스스로 부족함을 인정하고, 주위 사람들과 협력하여 함께 성장하는 방법을 아는 사람이다. 리더십은 뛰어난 능력만으로 완성되지 않는다. 그것은 끊임없는 자기 이해, 타인에 대한 존중, 그리고 상황을 바라보는 전략적 사고에서 비롯된다. 이 3가지는 바로 디스크 인사이트의 핵심이기도 하다.

디스크는 각기 다른 행동 성향을 이해하고, 그 차이를 기반으로 협업을 설계할 수 있는 사고 도구다. 그리고 이 도구는 리더가 구성원과 더 깊이 연결되고, 팀의 시너지를 이끌어내는 데 결정적인 역할을 한다. 성향을 이해하면, 갈등을 줄이고, 소통의 질을 높일 수 있다. 이는 곧 리더십의 성과로 이어진다. 리더는 피할 수 있는 역할이 아니라 준비해야 하는 삶의 기술이다.

우리는 누구나 리더가 된다. 지금은 작고 사적인 공동체에서 시작할 수 있지만, 언젠가 더 큰 역할이 주어질지도 모른다. 그러니 리더십은 미루는 선택이 아니라, 지금부터 준비해야 할 삶의 기술이다. 도전을 결심하기는 쉽지 않지만, 그 끝에는 누구도 대신할 수 없는 성취가 기다리고 있다. 누군가는 두려워 피하지만, 누군가는 기꺼이 감당하며 성장의 길로 나아간다. 당신이 다음 세대의 리더라면, 지금 그 첫걸음을 내딛어 보자. 그 시작을 함께하기에 디스크 인사이트는 가장 강력한 동반자가 되어줄 것이다.

새로운 인재상
– 선한 영향력을 가진 사람

지금 우리는 조직, 사회, 그리고 개인의 성장 방식을 다시 정의해야 하는 시점에 서 있다. 지금 시대는 '얼마나 오래 일했는가'보다 '어떤 문제를 어떻게 풀었는가', '어떤 방식으로 조직에 기여했는가'를 기준으로 사람을 바라본다. 이러한 변화는 곧 커리어 성장의 기준이 단순한 연차 축적에서 '핵심 역할 수행자' 중심으로 옮겨졌음을 뜻한다. 시대는 더 이상 주변에 머무르는 사람을 원하지 않는다. 오히려 중심에서 문제를 꿰뚫고 새로운 방향을 제시할 수 있는 사람, 변화의 흐름 속에서 자신의 자리를 능동적으로 찾아가는 사람을 필요로 한다. 다시 말해, 지식의 양보다 문제를 보는 안목과 함께 일하는 역량이 더욱 중요해진 것이다.

지식인이 아닌 자기주도형 인재의 시대

불과 몇 년 전까지만 해도 '인재'라는 단어는 전문 지식과 자격을 갖춘 사람을 의미했다. 그러나 기술의 발전, 정보의 민주화, 디지털 전환이라는 시대의 물결 앞에서, 지식은 더 이상 경쟁력의 유일한 조건이 아니다. 이제는 변화에 유연하게 적응하고, 스스로 생각하고 선택하며, 자기주도적으로 커리어를 설계할 수 있는 사람이 진짜 인재로 평가받는다.

이러한 인재상은 단순히 개인의 능력에 국한되지 않는다. 그는 혼자 잘하는 사람이 아니다. 그는 함께 일하는 사람이다. 그는 구성원의 잠재력을 발견하고, 갈등을 조율하며, 팀이 하나의 방향으로 움직일 수 있도록 만드는 사람이다. 그리고 이러한 리더십은 더 이상 직책에서 비롯되지 않는다. 과거의 리더는 직책이 곧 권한이었고, 그 권한은 자연스럽게 구성원의 복종을 전제했다. 그러나 지금의 리더는 다르다. 조직은 리더에게 더 이상 모든 걸 알기를 요구하지 않는다. 오히려 '모르는 것을 빠르게 이해하고', '필요한 사람과 연결하고', '방향을 제시할 수 있는 사람'을 진정한 리더로 인정한다.

리더십은 더 이상 '명령하고 통제하는 기술'이 아니다. 그것은 조율과 공감, 연결과 설득의 예술이 되었다. 따라서 실질적인 리더는 자신이 가진 영향력을 '좋은 방향'으로 사용할 줄 아는 사람, 구성원들의 마음을 얻고 이끌 줄 아는 사람, '선한 영향력'을 실천하는 사람이어야 한다.

선한 영향력이란 무엇인가

여기서 우리가 주목해야 할 핵심은 바로 '선한 영향력'이라는 개념이다. 많은 사람이 '선한 영향력'이라는 표현을 들으면 착한 사람, 성격이 좋은 사람, 무리 속에서 부드럽게 어울리는 사람을 떠올린다. 하지만 이 개념은 단순한 성격적 특성이나 도덕적 미덕을 의미하는 것이 아니다. 선한 영향력은 리더십의 새로운 기준이자, 조직이 더 이상 외면할 수 없는 실질적인 영향력의 힘이다.

선한 영향력이란, 문제의 본질을 꿰뚫는 통찰력, 감정이 아닌 구조로 갈등을 조율하는 능력, 그리고 구성원 간의 에너지를 시너지가 되도록 연결하는 힘을 의미한다. 즉, 단순히 행동이 온화하거나 협조적인 차원을 넘어, 조직 내 관계와 흐름을 전략적으로 설계할 수 있는 능력이다.

선한 영향력을 가진 사람은, 구성원 각자의 잠재력을 알아보고 그 가능성을 끌어올릴 수 있는 사람이다. 그는 타인을 변화시키려 하지 않는다. 대신 그 자체로 신뢰를 형성하며, 주변이 자발적으로 변화를 시도하게 만든다. 지시하지 않지만 사람들이 따르고, 주장하지 않지만 자연스럽게 중심에 서게 된다. 그가 있는 공간에는 몰입과 집중, 그리고 안정감과 활력이 동시에 흐른다.

이러한 인재는 성과를 외부 평가로만 바라보지 않는다. 성장의 기준은 항상 내면에 있고, 동기의 원천은 자기 이해와 자기 책임에 있다. 따라서 외적인 보상이나 타인의 시선에 흔들리지 않고도 스스로를 움직이고, 상황에 주도적으로 대응할 수 있는 '안정된 자기 실행력'을 갖는다. 그리고 바로 이 지점에서 우리는 중요한 진실 하나를 마주하게 된다.

선한 영향력을 가진 인재는, 직책과 무관하게 이미 실질적인 리더로 기능하고 있다는 사실이다. 그는 직책이 없어도 팀을 이끌고, 공식적인 권한이 없어도 결정적 순간에 중심에 선다. 왜냐하면 그가 가진 영향력은 명함에 새겨진 직책에서 비롯된 것이 아니라, 관계와 흐름, 문제에 대한 해석과 대응 방식에서 드러나는 실력의 결과이기 때문이다. 즉, 그는 '선택된 리더'가 아니라, 선택하지 않을 수 없는 리더가 된다.

과거에는 조직이 사람을 선택했다. 능력을 입증하기 위해 스펙을 쌓고, 이력서를 다듬고, 면접관의 눈에 들기 위해 자신을 포장했다. 그러나 지금은 반대다. 탁월한 인사이트와 자기주도성, 공감적 리더십을 갖춘 인재는 조직이 먼저 찾고, 조직이 붙잡고 싶어 한다. 이제는 회사가 사람을 선택하는 것이 아니라, '조직이 이 사람을 선택하지 않으면 안 되는' 시대가 된 것이다.

이러한 영향력은 결코 타고나는 것이 아니다. 그것은 자기이해, 관계의 형성, 그리고 경험을 통한 사고의 구조화를 통해 만들어지는 것이다. 그렇기 때문에 우리는 커리어 성장의 목표를 '높은 자리에 오르는 것'이 아니라, '선한 영향력을 가진 사람'으로 성장하는 것에 두어야 한다.

　AI 시대 커리어 성장의 최종 목표는 '선한 영향력의 인재가 되는 것'이 이 책을 통해 내가 궁극적으로 하고 싶은 말이다. 결국 커리어의 여정은 자기이해 → 관계 형성 → 커리어 성장 전략 수립이라는 흐름을 따라간다. 그리고 이 흐름의 끝에는 단 하나의 목표가 있다. 바로 '선한 영향력을 가진 사람'이 되는 것이다.

에필로그

인생의 기회는 어디에서 오는가

　대입 수능시험을 끝낸 아들은 시험 결과에 아쉬움을 감추지 못했고, 어느 날 저녁, 마음을 추스린다며 카메라 하나만 메고 어두워지는 산속으로 홀로 향했다. 산어귀까지 데려다주고 불빛 하나 없는 오솔길을 따라 저물어가는 산속으로 사라져가는 아이의 뒷모습을 바라보는 건 마음 편할 일이 아니었다. 나는 알 수 없는 깊은 답답함에 사로잡혔다. 그 감정은 단순한 걱정이나 불안 이상의 것이었다. 설명하기 어려울 만큼 가슴을 조이는 듯한 깊은 답답함과 무거움이었다.

　그 후로도 그날의 장면만 떠올리면 묘한 압박감이 다시 몰려왔다. 시간이 지나 아들이 입사 준비를 위해 자기소개서를 쓰고, 면접을 준비할 때쯤 그 답답함의 실체가 비로소 또렷해졌다.

"아, 이제 우리 아이도 시작이구나. 험난한 사회생활이…."

어두워지는 하늘과 가로등 하나 없는 산속을 향해 조용히 걸어가던 아들의 뒷모습에서, 나는 앞으로 그가 마주할 수많은 고난과 어려움의 모습을 미리 본 것이다. 아버지로서 내가 해줄 수 있는 것은 산 입구까지 데려다주고 "힘내라"는 한마디를 건네는 것뿐이었다. 나의 모습이 이렇게 무기력해 보인 것은 처음이었다.

나 역시 대기업에 입사해 운좋게 30대 초반에 팀장직을 맡았고, 22년간 리더로 일하며 임원까지 올랐지만, 결코 순탄했던 길은 아니었다. 돌이켜보면, 지금 다시 그 길을 선택하라고 해도 주저할 만큼, 많은 시간이 쉽지 않았고 버거웠다. 그럼에도 버틸 수 있었던 건, 가족과 동료들의 변함없는 응원 덕분이었다. 하지만 내가 어떤 어려움을 겪어도 이겨낼 수 있을지언정, 이제 막 불확실한 미래에 발을 들이는 아들을 바라보는 일은 훨씬 더 어렵고 고통스러운 일이었다. 특히 앞으로 다가올 시대는 나의 과거보다 훨씬 더 복잡하고 혼란스러울 것이다.

아버지의 경험만으로는 감당할 수 없는 시대…. 그렇기에 나는 끊임없이 고민했다. "아버지로서 나는 아이에게 무엇을 물려줄 수 있을까?" 정답은 확신할 수 없었다. 그러나 하나만큼은 분명했다.

어떤 시대, 어떤 환경에서도 흔들리지 않고 자신의 길을 걸어갈 수 있으려면 중심을 지킬 수 있는 '내면의 등불'이 필요하다는 것. 그 등불을 어떻게 전할 수 있을까 고민하며, 나는 말보다 글을 택하기로 했다. 그리고 고민 끝에 정한 글의 제목은 아직도 완성하지 못한 "인생의 기회는 어떻게 오는가"였다.

내가 아이들에게 전하고 싶은 가장 소중한 유산은 화려한 성공의 기술이 아니다. '상대방을 향한 인정과 배려', 그리고 '기본에 대한 충실함'이었다. 기술보다 중요한 건 진정성이다. 그리고 진정성을 실천하려면 그만큼 나 자신의 인생 크기 또한 커져야 한다. 나는 이 단순하지만 중요한 가치를 우리 아이들이 마음 깊이 간직하길 바란다. 어떻게 하면 뿌리 깊고 단단하게 자라는 진정성 있는 나무를 심어줄 수 있을까? 그 질문을 안고, 나는 같은 마음으로 이 책을 써 내려갔다.

전문가도 아니고 학자도 아님에도 불구하고 졸문을 써 내려갈 수 있었던 것은 아들에게 전하고 싶은 아버지로서의 마음이 있었기 때문이다. 내가 만났던 대한민국의 청년들은 하나같이 밝고 진취적이며, 미래를 향한 열정으로 가득한 사람들이었다. 그러나 치열한 경쟁 끝에 어렵게 들어온 대기업에서조차 갈등과 관계의 어려움으로 조용히 떠나는 이들을 숱하게 보았다. 무엇이 그들을 지치게 했을까?

미래는 늘 불확실했고, 앞으로도 마찬가지일 것이다. 그러나 그런 미래 속에서도 누군가는 언제나 성장하고, 성공하고, 영향력을 가진다. 이 책을 읽고 있는 당신 역시 그런 사람일 수 있다. 대한민국의 아름다운 청년이자, 누구보다 진정한 성공을 꿈꾸는 사람. 그렇기에 나는 말하고 싶다.

당신이 향하는 곳이 아무리 낯설고 험난하더라도, 당신 안의 디스크가 조력자가 되어줄 것이라고. 그리고 언젠가 오늘의 당신이 준비한 작은 노력들이 모여 '인생의 기회'로 이어지는 문을 열어줄 것이라고….

그 길을 위해서, 나는 당신을 진심으로 응원한다.